JN086610

B・H・チェンバレン

J・バチェラー

# アイヌ説話集

### 1888 年の "幻の説話"

宮尾慈良　編訳

新典社

Shintensha

# はしがき

　説話は世界の各民族に伝承される文学の一形式とされています。それは昔に語られた古典であるばかりでなく、現代にも通じる文学であり、いまもわれわれの心を感動させています。

　19世紀の後半、イギリス人である言語学者のB・H・チェンバレンと聖公会の宣教師のJ・バチェラーの二人が、アイヌの地に伝承される説話を採録しました。その説話の英語論文がともに1888（明治21）年にイギリスと日本の学術雑誌に発表されました。当時、ヨーロッパからみると、いまだ文明社会ではなかった民族の古層に、チェンバレンは言語から、バチェラーは信仰から明らかにしようとしました。当時、アイヌは話し言葉をもっていましたが、書き言葉をもっていませんでした。説話を語る老人の言葉がはじめてローマ字で記され、そして一字一句を英語に翻訳する作業は、まるで見えない闇の世界に光を当てるようなものでした。これらの説話がこれまで一度も日本でおおやけにされてこなかったのは謎です。

　説話は古代における人間生活が反映されているといわれています。そこには民族の心象が隠されているのです。その心象は言葉だけを翻訳するのではなく、民俗の慣習、神話、文化を知らなければ明らかにできません。彼らはアイヌの村に住んで生活をともにし、各家の暖炉を囲んで話される説話に耳を傾けました。自然豊かななかで生きている人々が狩猟と採集の生活をしながら、人間と自然界の生き物が共生してきました。人間は動物や植物と交霊する時代を生きていたのです。森のなかで狩猟する動物の神と出会い、海に魚を捕りに行けば大量な魚を手に入れ、時化で海が荒れると魚の神が救ってくれます。動物は人間に変身し、人間が住む村で豊かな食べ物を手に入れます。動物を追って奥深い森に迷い込むと地下界があることを知り、空高くウマに乗って昇ると人間と同じような生活をしている天上界を見つけます。こうした説話がアイヌの世界観をつくってきました。

　アイヌに伝えられてきた伝説、神話、説話、動物譚などの口承文芸はウエ

4

ペケレといわれています。それは架空の話ではなく、祖先が体験した真実の話でした。説話には善と悪、正直と不正直、嘘と真実、貪欲と清廉、親切と不親切、夢と現実などが描かれていますが、いちばん懼れたことは、畏敬すべき自然界のカムイ（神）の存在を忘れてしまうことでありました。説話は人々の魂を古代の世界へ回帰させるのです。いつごろから説話が語られてきたかは誰もしりません。おそらく何百年いや何千年にわたって、親から子に言葉だけで伝承されてきたのでしょう。

採録者であるチェンバレンとバチェラーは、ヨーロッパの人類学者がしてきたように、ほかの諸民族における宗教や神話として説話を扱い、古老が語る話をひたすら記録し、英語に訳してきました。バチェラーは説話のなかにでてくる言葉の意味や民族の信仰や慣習などをこと細かく注釈し、説話をたんなる読み物ではなく、アイヌを深く理解してもらうための書き物にしました。

二人が古老から聞いた話は決して多くはありません。『アイヌ説話集』に掲載したのは、チェンバレンが採録した五十四話、バチェラーが採録した十二話です。これらを一冊にまとめて翻訳をしました。また、チェンバレンはアメリカのボストンにある児童文学専門のティクナー社から、1887 年に英語版『アイヌ昔噺』の三冊を刊行しました。この昔噺は『アイヌ説話集』に採録されている説話にも見られます。『アイヌ説話集』の説話は逐語訳していますが、『アイヌ昔噺』は意訳した形式で発表しています。『アイヌ昔噺』は本書で初めて翻訳されるものです。

百年以上前に、ヨーロッパに紹介されたアイヌの説話は、二人のイギリス人によって未知なる世界の扉が開きました。これまで二人が英訳した説話は、図書館のなかに眠ったままでしたが、いま古老の前で採録している二人がアイヌの説話の世界を語ってくれます。こうしてアイヌの説話にふたたび生命を吹き込むことができたことをうれしくおもいます。

2021 年 3 月　　　　　　　　　　　　　　　　　　　宮尾　慈良

凡　例
一　底本については解説に記した。
一　底本にある脚注と注釈は、ゴシック体で「原書注」「原書注釈」と記した。
一　本文の会話部分は「　」をつけて、改行し読みやすくした。
一　説話の題名、登場する人物名、舞台となった地名などで、不明なものはローマ字
　　のままで表記した。

　説話は日本の古代から中古、中世、近世へと伝承してきた文学作品です。これらは
民間に残る説話を集めたものです。近世末から近代にかけて伝承された最後に位置す
る古典文学作品となります。伝承されてきた幅広い内容をもつ説話に驚いたチェンバ
レンは、古態説話の変容していく姿を知って、これらを記録する価値と意義をもちま
した。とくに豊富な動物譚はイソップ説話、グリム童話に共通するモチーフがあり、
海外の説話研究に役立つ作品になると考えました。

　『アイヌ説話集』はチェンバレンとバチェラーの残した説話の英文を忠実に訳しま
したが、どうしても現代語における不適切な表現や語彙が含まれています。これを意
訳し、伏せ字にし、別の言葉で表現し、説話のすべてを削除するなどをすると、当時
の説話そのものが残らないだけではなく、説話を読み取ることのできない形にしてし
まいます。そのために英文表現を崩さない形での邦訳をしました。邦訳による古典文
学作品を将来に残すためであることをご理解いただければ幸いです。

# 目　次

# 第一部 アイヌの説話　　B・H・チェンバレン

8

# 第二部　アイヌ民間伝承の標本　　　J・バチェラー

# 付　録　『アイヌ昔噺』

# 第一部
# アイヌの説話

B・H・チェンバレン

# 序　文　　E・B・タイラー

　1200 年前、中国のある歴史家は、「日本という国土の東部辺境に、雄大な山々の壁があり、その向こうに、毛深い人間の土地がある」と述べていた。彼らがアイヌであった。アイヌは彼らの言葉で「人」を意味する語から名づけられた。礼儀がなく、行き場のない土着民の国土について、日本人はいまでも蝦夷の島に住む少数のアイヌの人だけが生き残っているとしている。昔から中国の皇帝が好奇心をもっていたことから、アイヌの夫婦が中国に送られたように、アイヌの見慣れない容貌と習性は、より文明化された国々にとっては興味の対象にされてきた。

　ヨーロッパの多くの著述家は、アイヌ民族について記しているが、帝国大学の博言学教授であるバジル・ホール・チェンバレンのように機会を持った人はほとんどいなかった。かれはアイヌの人から、いまある説話を採録し、かれらの生活様式や心情の話を序文に書いている。わたしはこのようにすばらしく扱った主題についての知識を提供することはほとんどできないが、『民俗学雑誌』の編集者の要望で、わたしが「はしがき」を書いてくれれば、チェンバレン教授がほかの刊行物*で述べている見解にも、注目を惹かせることができるといわれた。しかし、その記述は日本で印刷されているため、英国で民間伝承を学ぶ多くの学生や好奇心をそそるアイヌに興味を抱く人でさえも見過ごすかもしれない。

　よく知られているように、アイヌの毛深い容貌は、髭のない日本人とはっきりと区別されている。アイヌの写真を見る人は誰でも、しばしばくり返しているが、髭を生やしたロシアの農民と比較するほうが適切であるとはっきり認めるであろう。日本人の顔型と非常に対照的であるアイヌの人は、ヨーロッパ人の特徴と違うことは明らかである。いうまでもなく、このことはすべてアイヌに関する理論が、アーリア系の人種であると示しているが、そのことを厳密に精査すると、そのような考えはまったくなく、かれらはアイヌ

という人種であると確認されている。また、かれらの腕骨と脚骨はいちじる
しく平坦になっているので、アイヌの骨格は、解剖学的に特異であることを
述べておかなくてはならない。全体として、アイヌはアジアの地域では、古
い民族に属していることは明らかで、いまのところこの地域だけに存在する
ので、人類学がほかのアジアの民族と身体的な関連性を確立する方法をいま
だ持っていない。チェンバレン教授はアイヌ語を丹念に調べてみると、おな
じように特異性があるという結論に達している。それは彼自身の知識からだ
けでなく、長年にわたってアイヌで宣教師として暮らし、アイヌ研究の一つ
として文法書を書いているジョン・バチェラーとともに研究したすぐれた知
識にもとづいている。構造上、アイヌ語は日本語との類似性が指摘されてい
るが、むしろ相違性のほうが多くある。また、最終的には北東アジアの言語
群に分類されると証明されるかもしれないが、人種と言語の両方を別々に扱
うのに、いまのところもっとも信頼できるという考えであるとけっして結論
づけられない。現在、アイヌの小さな文明は、日本から大いに教育を受けて
きたので、かれらの現代語には、当然ながら多くの日本語が取り入れられて
いる。たとえば、かれらが神々を示すカムイという名前や米酒（サケ）は酔
い続けるのを求める酒としていまでは楽しみの主なる源泉になっている。こ
れらの言葉は日本語であろう。この言葉が示すことは、彼らがかつては日本
各地に広がっていたことを明らかにしている。いまは地名だけがアイヌ語と
して残っている。これらのいくつかはたしかにアイヌ語である。たとえば、
Yamashiro は「栗の木の土地」であり、また Shikyu は「ひじょうに急ぐ」を
意味していたに違いない。ほかに、日本語として解釈された場合、意味を無
理やりにこじつけた語もあり、日本語として扱われるならば、Mennai や
Tonami という村の名前は、「内部を許可する」と「一列に並んだウサギ」を
意味するであろう。一方、もともとアイヌ語とみなされる「悪い川」とか
「湖から流れる川」は、そのような意味があったかもしれない。チェンバレ
ン教授が細心の注意を払って集めた記録や地名から推論すると、「列島すべ
てに日本人が先住していたということはたしかであろう。歴史の始まりは、

かれらがいま住んでいるところより、はるか南や西にたしかに住んでいた。そして、そのとき以来、世紀を重ねて、かれらが東方へそして北方へと避難したと考えられる。それはアメリカインディアンがヨーロッパからの入植者による圧力によって、たえず西方へ移動し続けたのと同じようである」という。

　かれらの言語と同じく、説話も同じことがいえる。それは主として日本語から借用されたことを示している。現在、収録された「魚の神のサケを礼拝する（34.）」、「女の島（33.）」などの説話は、日本における説話の挿話に基づいていて、ときには世界の神話に属しているかもしれない。たとえば「黄泉の国を訪ねた狩人（35.）」の食べてはいけない果実を食べて、やがては死ぬ運命にあるモチーフは、ペルセポネの典型的な物語の例であろう。短い話だが、奇妙な話である「誰が世界を統治すべきかを決める（16.）」を読むと、誰が世界を支配すべきかに関して、どのようにして決まったのかがわかり、狡猾なキツネ神の話は、すぐに日本でよく知られた話から来たことがわかる。さらに、西から出る日の出を探す、非常に賢い神話のエピソードについては、オックスフォードに住む日本人の森常太氏に聞いたところ、この話は日本人の子供たちはみな知っているといい、明らかに中国に由来するものであろう。一方、「アイヌの説話」の採録にはたしかにアイヌにしかみられない話も多くある。たとえば、チェンバレン教授が記した「パナンベとペナンベの説話」では、「川の下流にいる」パナンベがなぜ賢いことをし、それに対して、「川の上流にいる」ペナンベが、パナンベと同じことを真似する愚か者であるのは悲しいことである。これは説話にあるように、沿岸に住むアイヌの人は、さらに川の上流の丘に住むアイヌの人を嫌い、軽蔑するという表現をいっている。それらの話が明らかにしているアイヌの考え方、道徳、慣習に関しては、多くの琴線に触れているので、ここでは述べる必要はないだろう。それは読者がそれらを読み進めるなかで感じながら、多くの興味をもつことに気づくはずであろう。これらでもっとも重要とされる特徴は、じつはチェンバレン教授が主張するように、その価値を見過ごしてはならないという見解で

ある。

　民俗学を学ぶ学生が感じる、さまざまな困難のなかで、もっとも大事なことは、話したり聞いたりする人々は、動物などの話が幼稚で不思議であることをどれほど本当に信じているのか、またはかれらがそれらを意識して、どのくらい楽しいことであるかを判断すべきである。わたしたち自身も後者については懐疑的になってしまうが、われわれが調べると、人々はみなその場だけを取り繕っている。大きな石はかつて巨人であった話や怪物に呑み込まれて、ふたたび体内から出てくる、英雄の波乱に富んだ話はひどい出来事であり、まったく信じられないが、それと同時に、これらは結局、すべて迷信で、老婆が話すようなばかげた話に過ぎないかもしれないと認めるであろう。しかし、たとえ文明化された人間と接触する未開な民族でさえも、ほとんどこれとかわらない。したがって、説話にアイヌの心情を読むチェンバレン教授の言述は、個人的に綿密な調査のもとで行われ、実際に採録した結果としての記録である。かれはアイヌの話は、ヨーロッパ人が子供を寝かしつけるお伽話のように嘘をいっているのではなく、自然現象を説明する神話などは、物理科学の論理的な命題であり、不思議な物語は実際に起こっていたという印象で語っていることを確信している。民間説話はとても価値があると主張する人々は、人類のあいだで、早い段階だが実際にあった世界観を具現化した話だとみなしている。それに反発する意見にもかかわらず、かれらが議論する根拠は、理論的であるだけでなく、実際に起こり得るものであるという、もっとも明確な証拠を提供しているので、この採録した説話に対して、ありがたく思うであろう。


**原書注**

＊Ｂ・Ｈ・チェンバレンの「アイヌ研究の観点から見た日本の言語、神話、地名」とＪ・バチェラーの「アイヌ文法」（帝国大学、1887 年）

# まえがき

　わたしは 1886 年の夏に、蝦夷の島を訪れたのが三回目になる。それはア
イヌ語を研究するなかで、日本の地理的命名法に関しての曖昧な問題を解明
するのを目的としていた。しかし、そのような場合によく起こることだが、
わたしが訪れたおもな目的が、すぐに唯一の目的ではなくなってしまった。
言語を習得する人は、その言語を幼児のように、舌足らずであっても話さな
ければならなく、さらに具体的には、現地に住む人々を目の前でしゃべるよ
うにさせなければならない。現在、蝦夷では談話する形式がほとんどない。
それはアイヌが人類の発達段階のなかではあまりにも知られていないため、
「会話をする」という文明的な技術の概念をもっていなかった。したがい、
釣りとか天気についての話題が尽きると、ヨーロッパから来た滞在者は、暗
くて汚れた海辺の集落のなかにいることに気づくことは、わたし自身の体験
によって少なくとも理解できるが、かれらが仲間と話す言葉のような、さら
に話す手段をもちえないのは悲しいことである。そのようなときに、説話を
話させると救われる。アイヌの人は自分の考えをけっしていわない。考えを
いうことはかれらの慣習にない。ところが、かれらに説話を話してほしいと
いうと喜んで受け入れる。子供のころから、諳んじてきた話をくりかえすだ
けなら、自分たちの言葉を完全に話せない人と会話を続けていくより、頭が
疲れることはないだろうとおもうと、すぐにかれらの舌はほぐれてくる。
　わたし自身の場合、しばらくして言語訓練としてだけでなく、かれらから
の話を聞いていた。そして、それらのいくつかの話を数か月前に日本の帝国
大学で発行した紀要のなかに含めようとおもった。この紀要の論評が 1887
年 5 月 12 日の『ネイチャー』に載せられ、人類学者と比較神話学者が、人
類の精神的所産の実例以上に、重要なことが自分たちの前に置かれているこ
とに関心をもつであろうと述べてくれたことは、わたしには励みになった。
その関心は三つの理由がある。この地の領土がかつては日本列島全体に広がっ

ていたという関心、その起源と類似性について、まったく確実なことが知ら
れていないという関心、そしてその民族は文化的に最終段階に近いという関
心である。したがい、この島での最後の滞在のなかで、アイヌの人がアイヌ
語でわたしに話したすべての物語を収録して分類してみることにした。さら
に最近、東京で帝国大学学長である渡辺氏の懇意な支援によって、知識ある
アイヌの人を北海道から呼ぶことができ、わたしの家で一ヶ月過ごさせるこ
とができた。これらの説話に関する論文をイギリスの民俗学学会に申し出る
ことに対して非常に光栄と考えている。

　アイヌ民間伝承のモチーフは、時間が許せば、もっと詳細に扱うことは間
違いなくでき、また注解を入れれば、テキストをより長くすることもすぐに
できる。さらに民俗学会が提案する方法にしたがって、それぞれの昔話を分
析することもできるかもしれない。たとえば「出来事の調査」については、
インドのパンジャーブ地方やカシミール地方から採集したフローラ・アニー・
スティールとリチャード・カルナック・テンプルの魅力的な『世界驚異物語』
（ティクナー社、1884）のように、説話をそれぞれ追加することもできるであ
ろう。こうして、それぞれ独創性のある説話よりも、人類学者がもっと興味
を抱くのは、これらのアイヌの説話との類似性を解明する試みにある。どの
話が、どの部分が独創的であるのか？　またそれらの話のうち、どの話が借
用されているのか、またどこから影響を受けたのか、と興味を持つであろう。

　完璧な調査を行うことは、重要な価値をもたらすが、わたしの職務のなか
で可能なかぎり膨大な時間を費やす必要がある。また、わたしがもっていな
い、さまざまな蘊蓄もおそらく必要である。したがって、このような場合、
賢い隣人である日本人の知識を借りることがアイヌの人のためになるのをつ
いでにいっておきたい。ロシア人がこの地に現れたのは、最近のことである
ので、この関連を考える必要をほとんどもちあわせていない。アイヌの人と
いうよりむしろ日本人がよいと考える理由は、両民族に共通する物語が昔か
らあるからで、これらが作り話であるとはけっしてならないであろうし、一
般的な話や特別な話もみられるからである。このように直観で考える未開な

人を賢くて教養がある文明人が教えるのであって、未開な人が賢くて教養あ
る文明人に教えるのは、おそらくアプリオリ的な考えではない。一方、わた
しがほかのところでも明らかにしたように、二人の人が言語を比較する研究
を見ると、この直観としての見解が、言語の領域に関する限り、十分に裏付
けられていることをはっきり示すことができる。同じような意見は、社会慣
習にも当てはまる。すべての制度のなかでもっとも保守的である信仰におい
ても、とくに未開人のあいだでは、アイヌの土地に侵入してきた日本人の影
響を受けてきている。かれらが神へ捧げる神酒は、日本語の酒からつけられ
た日本酒のことである。また「お祈りをする人」の言葉そのものも古語の日
本語といえる。アイヌの人は中世における日本の英雄である源義経に一般的
に宗教的な敬意を抱いている。地球の地下で巨大な魚がくねくねと動くこと
で地震が起こるという考えは、アイヌの人や日本の人、さらに他の民族のな
かにも共有している。

　それとともに、アイヌの説話や伝説に関する世間一般の人の考えは、日本
の民俗学を特徴づけるものと大きく異なるという傾向がある。アイヌの人は
謙虚な態度で、物事の起源について道徳的に話し、またあれこれと推測する
習性がある。そこで、ある説話を丹念に精読して調べると、驚くほど多くの
説話があり、自然現象を説明することで、そこからある素朴な教訓で例証し
ようとしたりしていることがわかる。実際には、それらは初期における段階
の科学、つまり物理科学や道徳科学である。こうした説話に与えられている
説明だけで、現代におけるアイヌの人の心を完全に納得させている。しかし、
アイヌの説話は、わたしたちのように、思考の初期段階を残してはいない。
それらは現代の思考から生まれているからであろう。たとえ最近に作られた
ものでなくても、現代のアイヌの人の物事に対する考え方ととても適合して
いることが多いので、一つの説話を語るアイヌの人は、実際に起きた出来事
を語っているという印象のもとで話している。それはヨーロッパの子供を世
話する子守が「あったような話をする」のではなく、心のどこかでは成長し
たら疑う話だといつも想起している。

　わたしが判断できるかぎりでは、わたしたちが「言語の病」であると隠喩
でいうように、どれもアーリア系の神話から作られたものに起因するとして
しまう。ある偉大な権威者は、アイヌの説話を語っている土地には、まった
くみられないものだと考えている。また、天候の現象をほかのものよりも注
目しているわけでもない。だが、わたしは訂正があるものについて話してい
る。おそらく、そのような点で論争を招くのは賢明ではない。それというの
はその人が戦うために十分に武装しているわけではないからである。
　アイヌの説話を入念に分析し、その起源と類似性を議論することはうまく
いかなかったが、わたしは民俗学会に受けいれてほしいと申し出たことは、
説話そのものの原文を英語に翻訳したことにある。これらのうち九つの説話
は、すでにアイヌに関する紀要論文のなかで発表している。また一つの説話
は同じ紀要にある、バチェラーの文法に関する論文の最後に発表している。
だが、その原本にみられる形式ではまったくないので、その体裁で書くのは
断念した。ほかのすべてはいまはじめて世界に発表されるもので、いかなる
言語また日本語でもいまだ発表していない。
　わたしは翻訳の特質にとくに注意をうながしたいことがある。ここでの翻
訳はもともと現地の情報提供者による口述からアイヌ語で書き留めたもので
あるので、これらすべての話についていえば完全に直訳である。しかし、時
間が経つにつれて、ときどき話がよりはやく語られたため、英語だけで話を
書き留めたものがあるが、それは数時間以上過ぎてはいない。このような場
合、すべての詳細な部分まで記憶しているのだが、その翻訳はいうまでもな
く、実際には直訳ではない。このことは情報提供者が数人いたという事実に
よって、説話に形式の違いがあったと考えてほしい。わたしはそれぞれの話
にたいして、「文字通りの翻訳」つまり逐語訳、あるいは「記憶から書き留
めた」「記憶を思い出して書き留めた」という言葉を付け加えた。これは採
録した話を利用する人々が、説話の扱い方に関して正確に知ってほしいから
である。このようなことを考慮すれば、完全に正確な逐語訳をなしとげる場
合、かならず必要であることは、世界には言い回しの常套句などがあり、す

べて一時的に厳格で正確にすると調和を取ることができない。それはたとえ厳格に正確にすると、概してモチーフが台無しになる場合がある。真実は赤裸々に記して、未開人が腰布をつけていないということは、たしかに調査者が知った唯一のことであるが、新たに一連の事実を発見すると、科学的な考察はそれらをただ提示するだけになってしまう。

　いうまでもなく、アイヌの説話は他の話とおなじく、文学的な観点からも扱われるべきであろう。現在、採録した話のいくつかは日本の画家による絵でうまく描かれている。これらを少年少女向きのものに変更し、削除し、改編すると、現時点ではボストンのティクナー出版社のような冒険物語が準備でき、英国と米国の両国でわたしたちの子供たちを喜ばせるかもしれない。しかし、そのようなことは科学的な価値がまったくない。それらがなんらかの価値をもつというつもりはない。なぜなら、それらは単なる児童向けの文学であり、英国人が盛装することとパリのファッションで人体を解剖したような教養のない服とほとんど関係がないからである。

　これとは反対に、本論文は人類学者や民族学者だけが閲覧することを意図している。かれらは原文にある不愉快な猥褻な部分を省略し、またときにはいちばん良い方法の一つが奪われていると考えるであろう。暖炉の火の上に吊るされた揺りかごで、赤ちゃんを揺らしながら言葉を使い、けっして述べてはいけない話題に触れながら、アイヌの母親は赤ちゃんを眠らせている。だが、これは注目に値する特徴がある。純粋な未開人は実際にどこでも見つけられるかもしれないが、アイヌの土地では見つけられなかった。アイヌの人が抱く想像力はゾラの想像力とおなじくらい猥褻であり、はるかに遠慮なく語っている。したがい、いま採録した説話の多くを印刷して見ることができないのであるなら、その責任はかれらにある。

　ここでは説話を四つの範疇に分類したことに対しては、まったく重要なことであるとは考えていない。説話を何らかの形で整理する必要があったので、「自然現象の起源に関する説話」、「道徳的な説話」、「パナンベとペナンベの説話」および「説話の断片」と分類したにすぎない。これは便宜上での作業

として示しただけである。最後に追加した「説話の断片」は説話を採録する
なかでひょっとしたら場違いと考えられるかもしれないが、削除するよりは
入れておいたほうがよいとおもった。それというのは、この調査の目的はあ
らゆる説話に、細心の注意を向けるよりも、調査された人々の精神的な産物
からできるだけ細かい知識を得ることであると考えているからである。

　ここで語られた説話のほかにも、アイヌの説話が多くあるに違いない。説
話の語り部の多くはヨーロッパとおなじく、アイヌの土地でも女性であるが、
わたしは男性だけの説話を採録した。アイヌの女性は外国人の男性にたいし
て、とても差恥心があり、会話を多く交わすことをしない。わたし自身が聞
いた話を採録したノートが破られたことがあった。それらのなかには少なく
とも三つのパナンベとペナンベ伝説があったが、時間が過ぎてしまったので
記憶をもとにして再構築することができなかった。これによって多くの貴重
な時間をおなじように費やさなければならなかった。また多くの資料が酒を
飲みすぎた男の悪癖によって無駄になってしまったこともあった。函館にい
た一ヶ月はこのように無駄になってしまった。函館知事の懇意によって、わ
たしのために紹介されたトムタレ Tomtare という男からは何も得られなかっ
た。アイヌの人はほとんど虱やさまざまな悪い皮膚病にかかっていたが、そ
れはただ我慢して消毒すればいいことであり、酔っぱらった男から貴重な資
料を取り戻すことができなかったのは残念であった。かぎられた時間のなか
で性の営みがあるときは、採録できる説話の数は比較的に少なくなる。第三
番目の理由は、何度も話をくり返して聞くことである。たしかに、このくり
返すことによって、とくに異なる部分があるときは補強する証拠となる。い
つでも新しい話のためには、喜んで時間を割くことをしたい。

　それぞれ説話の最後には、アイヌの名前を付している。これはわたしに語っ
てくれた男性たちの名前です。ピラトリ Piratori の年長者ペンリ Penri、シュ
ムンコット shumunkot のイシャナシュテ Ishanashte、ポロペット Poropet の
カンナリキ Kannariki、札幌のクテアシュグル Kuteashguru、ユーラップ Yrap
のトムタレ Tomtare です。「アイヌの説話」で表示された唯一の神話上の名

前は古代にアイヌの人を教化したとされるオキクルミ神、彼の妻であるトゥ
レシ、または弟子のサマユングルです。説話のなかでたえず述べられている
「神のような象徴物」は、旅行書のなかで頻繁に記されているイナオという
木を削って作った人形のことです。

B・H・チェンバレン

宮ノ下　日本

1887 年 7 月 20 日

# I　自然現象の起源に関する説話

## 1. ネズミとフクロウ*

　フクロウは翌日のために、食べなければならない美味しい残りものを取っておいた。ところが、ネズミがそれを盗んでしまった。フクロウはとても怒り、ネズミの家に行き、「おまえを殺す」と脅した。ネズミはすぐに謝っていいました。

　「この錐をあげましょう。フクロウさんの食物を食べてしまったことは、たいへん申し訳なくおもっています。でも、食べる喜びよりも、はるかに大きい喜びが得られる方法を教えましょう。いいですか、この木の根っこがある地面に、尖った錐を上の方へ向けて、かならず突き刺してください。そうしてから、木のてっぺんにいって、幹を滑り降りるのですよ。」

　そういうと、ネズミは立ち去っていきました。フクロウはネズミが指示したとおりにしました。ところが、尖った錐にむかって滑り降りたので、お尻の穴に突き刺さりました。フクロウは悲しさのあまり、怒り狂い、ネズミを殺すために出かけました。だが、ふたたびネズミは、すぐにフクロウに謝りました。仲良しになる贈り物として、頭に被る帽子をフクロウにあげました。

　フクロウはいまも羽を立てて、厚みのある帽子をかぶっていますが、フクロウとネズミは仲たがいしているといわれています。

　　　　　　（イシャナシュテが語った説話を思い出して書いた。1886 年 11 月 25 日）

**原書注**

*ここでいうフクロウのアイヌ語は、ahunrashambe といい、角をもつ動物の意味である。

## 2. 雷神の愛

　二人の若い雷神は、大雷神の息子です。ところが、二人は同じアイヌの女性に、はげしい恋をしました。一人がもう一人に冗談で、

　「ぼくはノミになりたい。彼女の胸にぴょんと飛びまわることができるからだよ」といった。

　もう一人が、「ぼくはシラミになりたい、いつも彼女の胸のなかにいることができるからだよ」といった。

　「お前たちの願いはそれだけか？」と父親の雷神が叫んだ。

　それなら、「お前たちは自分がいった言葉どおりにやるといいだろう。」

　こうして、ノミになるといっていた雷神はノミになり、一方、シラミになるといった雷神はシラミになりました。いまもノミとシラミは、ずっと一緒にいるのです。

　これは雷雨があるときは、いつもノミが誰もわからないところから、跳び出してくるという理由です。

　（イシャナシュテによって語られた説話を思い出して書いた。1886年11月27日）

## 3. なぜイヌは話すことができないのか

むかし、イヌは話すことができました。いまは話せません。

　ある人に飼われていたイヌが、獲物を見せることを口実に、主人を森に誘ったが、クマに食べられてしまいました。それから、イヌは主人の奥さんがいる家にもどると、嘘をいいました。

　「ご主人さまが、クマに殺されました。しかし、ご主人さまは死ぬ間際に、自分の代わりに、わたしと結婚するように、あなたにいえと命じました。」

　奥さんは、イヌが嘘をついていることがわかりました。しかし、イヌは「自分と結婚するように」と、いい続けました。ついに悲しくなり、怒りが

こみ上げると、彼女はイヌが開いた口に、灰を投げ入れました。このことが
あってから、イヌはもう何も話すことができなくなりました。こうしたこと
から、今日でもイヌはまったく話すことができないのです。

（イシャナシュテが語った説話を思い出しながら書いた。1886 年 11 月 29 日）

## 4. なぜオンドリは飛ぶことができないのか

　創造主が世界をつくり終えて、天界に戻りました。それから世界がよくなっ
ているかどうかをたしかめるために、オンドリを地上に送りました。そして、
すぐに戻ってくるように命じました。

　しかし、世界はとても美しくなっていたので、オンドリは大急ぎで立ち去
ることをしませんでした。一日一日と、ぐずぐずして世界にいることを続け
ました。かなり時間が過ぎたころ、やっと天界に戻ることにしました。とこ
ろが、創造主はオンドリが命令にしたがわなかったことで怒り、手を伸ばし
て、オンドリを地上に向けて、叩きつけ、「おまえは天界に、これ以上いる
ことはできない」といった。

　こういうわけで、今日に至るまで、オンドリが空高く飛ぶことができなく
なったのです。

（ペンリが語った説話を思い出しながら書いた。1886 年 7 月 18 日）

## 5. 野ウサギの由来

　突然、山の頂上に大きな家ができました。そこには、六人の美しい衣装を
着ている人がいました。しかし、いつもけんかばかりしていました。彼らが
どこから来たのかは、誰も知りません。オキクルミ神がやってきて、いいま
した。

　「おいおい！ お前たちは、悪い野ウサギだろう！ とても意地悪な野ウサ
ギだな！ 誰も自分がどのようにして、生まれてきたのかは知らないだろう？

あるとき、天界で子供たちがおたがいに雪の玉を投げ合っていた。その雪の玉が下界の人間が住むところに、落ちてしまった。天界から落ちてくるものは、なんでもありがたいものであり、無駄にすることはできません。雪の玉は野ウサギに変わったというのだ。その野ウサギがお前たちなのだよ。お前たちは、この世界に住んでいるが、わしが住む世界では、けんかをしてはいけない。ところで、いったいなんでそんなに騒々しくしているのか?」

　こういうと、オキクルミ神は松明（たいまつ）を手にして一匹ずつ順番に叩きました。そして野ウサギたちは、みな逃げていきました。

　野ウサギが誕生した話です。ここでいうように、野ウサギの体が白いのは雪からできたからです。また野ウサギの耳が黒いのは松明で黒焦げにされたからです。

　　　　　　　　　　（ペンリが語った説話を直訳した。1886 年 7 月 10 日）


## 6. 陰部がある位置

　世界のはじめ、創造主は、男と女の生殖器を額に付けようと考えました。そうすれば、子供を簡単に生むことができるだろうとおもったのです。しかし、創造主から頼まれた、カワウソはそのようなことをいおうとしたときに、いい間違いをしました。そのために生殖器は面倒なところにあるのです。

　　　　　　　（イシャナシュテが語った説話を思い出して書いた。1886 年 7 月 11 日）


## 7. 人間の性交する時間がきまっていないわけ

　古い時代、創造主が、すべての鳥と獣、神や悪魔たちをみな呼んで、性の交わりについて教えることにしました。あらゆる種類の鳥や獣がみな、集まりました。そこで、いつ性の交わりをして、いつじぶんたちの子供を生むべきかについて、創造主から学ぶことになりました。

　まず、創造者はウマにいいました。

「おお！ なんじらウマの神の先祖たちよ！ 春になったら、性の交わりを
して、翌年の春になれば、子供を生むのがよいであろう。そのためには、な
んじらはいかなる土地に行っても、そこに生えている草は、どれでも食べて
よろしい。」

　この言葉を聞いて、ウマは喜びました。するとすぐに、走り出しました。
しかし、ウマが立ち上がったとき、神様の額を肢で蹴ってしまいました。神
さまは、とても怒りました。さらにウマは前脚で、神様の頭を突いてしまっ
たため、神さまは大けがをしました。

　ところで、人間の先祖がやってきて、たずねました。

　「わたしたちは、どうでしょうか？ いつ性の交わりをしたらいいのですか？」

　いまも怒っている神さまは、答えました。

　「おまえたちは、いつでも好きなときにすればいい！」

　こうしたわけで、人間と呼ばれる生物は、いつでも性の交わりをすること
ができるのです。

　　　　　　　　　（イシャナシュテが語った説話を直訳した。1886 年 7 月 12 日）


## 8. フクロウとカメ


　海に棲むカメの神と、陸に棲むフクロウの神は、とても仲良しでした。カ
メの神はいいました。

　「あなたの子供は男の子であり、わたしの子供は女の子です。そうですか
ら、わたしたちは、かれらを結婚させて、結ばれることはいいことでしょう。
もしも、わたしが海に棲む魚を川に送れば、あなたの息子とわたしの娘は、
どちらも魚を食べることができます。そして、世界を共有することができる
でしょう。」

　このように、カメの神が話しました。フクロウの神は、そうしたほうがい
いとおもいました。カメの子供とフクロウの子供は結婚して、夫婦になりま
した。こうして、フクロウの神は少しのためらいもなく、川に流れてくる、

すべての魚を食べることができるのです。

（ペンリが語った説話を直訳した。1886 年 7 月 15 日）

## 9. どうして人間が二匹のキツネよりすぐれているのか

　ある男が山に入って、縄を作る樹の皮を取りに行くと、穴を見つけました。この穴にキツネが来ました。そのキツネは、人間の言葉を話していました。

　「ぼくは、たくさん得をするやり方を知っているよ。明日になったら、その場所に行こう！」

　穴の中にいたキツネが答えました。

　「きみはどうすれば得するやり方があると、いっているのかい？　そのことを聞いてから、もしも、お金が得られるとおもったら、きみと出かけよう。もしもそうでなければ、いかないよ。」

　外にいるキツネは、いいました。

　「得するやり方は、こういうことをやればいいのさ。ぼくは明日、昼の食事のときに、ここに来るよ。きみはそのころになったら、ぼくがくるのを待っているあいだに、ウマの姿になるのだよ。そうしたら、一緒に出かけよう。ぼくは人間の姿になって、きみの背中に乗って、海岸まで行くことにしよう。そこには、人間がたくさんの食べ物やあらゆるものを売って住んでいるのだよ。人間のなかには、ウマを欲しがる人がきっといるから、その人にきみを売ることにしよう。それから、ぼくは貴重なものや食べ物をたくさん買うんだ。それから、ぼくは走って去っていくことにするよ。一方、きみはウマの姿になっているから、草を食べるように、外に連れ出され、丘の中腹のどこかに、綱で縛られるだろう。そのあと、ぼくがきみを逃がすために、手助けをしにいくことにするよ。こうすれば、食べ物と貴重なものが、ぼくたち二人の手に入り、それを平等に分ければ、二人にとって、たくさん得することになるだろう。」

　このように、穴の外でキツネが話すと、穴のなかにいるキツネは、とても

喜んで、いいました。

　「それなら、明日は早めに、連れて行ってくれよ。一緒に出かけよう。」

　ところが、木の陰に男が隠れていて、キツネの話を聞いていました。キツネが立ち去ると、その男も、その日は家に戻りました。翌日、男は穴の入り口に来て、昨日聞いたように、穴の外でキツネの声を真似て、話しかけました。

　「いま着いたよ。すぐに出てこいよ！　お前がウマになったら、海辺までいこう。」

　そうすると、大きなキツネが穴からあらわれました。

　「おれはすでに人間に化けたから、お前はウマに化けろよ。そうしたら、たとえ人間に見られても、気にすることはないよ。」

　キツネは体を揺さぶると、長い栗毛のウマに化けました。それから、二人は一緒に、出かけることになりました。しばらくしているうちに、食べ物が豊かにある、裕福な村に来ました。男は、「おれはウマを欲しい人に、このウマを売りたいな」といいました。

　ウマはとても毛並みがよく、いい艶をした肌であったことから、誰もがウマを買いたがりました。そこで、男はウマとたくさんの食べ物や貴重な物とを交換することができたので、去っていきました。

　ところで、このウマはとくにすばらしかったので、新しいウマを買った飼い主は、ウマを戸外に置くのをしたくなかった。そこで、いつも家のなかで飼うことにしました。飼い主は戸を閉め、窓も閉めて、草を切っては、ウマに食べさせていました。しかし、草を食べさせるが、ウマはまったく食べなかった。それはキツネであったので仕方ありません。ウマが食べたかったのは魚でした。

　ところで四日ほどたつと、ウマは死にたくなりました。ついにウマは窓から逃げ出しました。ウマが向かったのは、棲み家のある森でした。急いで走って帰ったので、あっという間に、キツネが棲んでいるところに着きました。森にいた大きなキツネは、そのウマを殺そうとしました。そうすると、ウマ

はもとのキツネにもどって、これまでの話をしました。二匹のキツネは、このようなことは、どうも話を盗み聞きした、男がいたに違いないと考えました。そこで、二匹のキツネは、その男を見つけたら、なぶり殺してやるといいました。

　二匹のキツネが、このように決めたときに、そこに人間がやってきました。その人間は、キツネをだました男だというのでした。キツネの棲み処の前で平謝りし、つぎのようなことをいいました。

　「わしが先日、森に来たとき、二匹のキツネが、なにかたくらみをしていることを耳にしました。そこで、わしはお前たちを騙そうとおもいつきました。これについては、素直にお詫びをします。しかし、たとえわしを殺しても、何の得にもならない。これからは、わしがあなたたちのために、米酒を醸造しましょう。また、あなたがたのために、神の像をつくり、毎日拝むようにいたします。こうすれば、わしを殺すよりも、もっと多く得ることがあるでしょう。さらに魚をたくさん捕まえたときは、いつでも、あなたがたのところに持ってきて捧げます。こうすれば、人間と呼ばれる生き物は、あなたがたを拝むようになるでしょう。」

　これを聞いた、キツネたちは、「それはすばらしいことだ。そうすれば、何もかもうまくいくだろう」といいました。

　このようにして、日本の人もアイヌの人も、キツネを拝むようになったと伝えられています。

　　　　　　　（イシャナシュテが語った説話を直訳した。1886 年 7 月 15 日）


## 10. クマの女神と結婚した男


　人が多く住んでいる村がありました。たくさんの魚と、たくさんのシカの肉がある村でした。しかし、食べものがたくさんある村でしたが、しだいに人々は飢え苦しむようになりました。ついに食べる物がなくなり、シカの肉も魚もなくなって人々は飢えました。人が多くいた村でも、みな死んでしまっ

たのでした。

　ところで、村長のところに、二人の男の子と女の子がいました。しばらくすると、村には二人の子供だけしか、生き残っていませんでした。女の子は年上で、男の子は年下でした。女の子が、

　「わたしは、たとえ死んでもかまわない。それは、わたしは女の子だからです。でも、あなたは男の子だから、望むなら父親の遺産を、受け継いでほしい。これらの遺産を受け継いだならば、その遺産を使って、食べ物を買い、それを食べて、生きるべきです」といってから、女の子は布の袋を取り出して、男の子に渡しました。

　それから、男の子は海辺に出て、海岸に沿って歩いていきました。長いあいだ、海辺を歩いていると、彼はとても小さな家があるのを見つけました。その家の近くに行くと、大きなクジラの死骸が横たわっていました。男の子がその家に着いてからしばらくして、その家の者に、なかに入るようにいわれました。家に入ると、神のような老人がいるのにきづきました。女性もいました。二人とも黒い衣服をまとっていました。その女性は女神のようでした。男の子は家の戸口の傍に立っていますと、神のような人が、「あなたが来たのを歓迎しますよ。どのようなところから、いらしたのですか?」といった。

　それから、クジラの肉を煮た料理がだされ、男の子はたいへんご馳走になりました。

　だが、女性はけっして、かれを見ることをしませんでした。そのあとに、男の子は外においていた、包みを取ってきました。それは姉から与えられた布の袋でした。この布の袋の口を開けると、袋のなかから、あるものを取り出しました。それを見ると、とても貴重な宝物であることがわかります。

　「わたしは、あなたがたに、これらの宝物を、食物のもてなしを受けたお礼として差し上げたい」といって、神のような老人に宝物を与えました。宝物をみて、神のような人はいいました。

　「これらはじつに美しい宝物である。だが、わたしなどに食物のお礼など

はいりません。これらの宝物はわたしの別の家にもっていき、わたしの宝物と交換しましょう。クジラの肉については、お礼などしなくてよろしい。好きなだけ、たくさん肉を食べてください」といった。

　それから、老人は若者の宝物を持って出かけました。しばらくすると、若者と女性だけが、家に残っていました。そうすると、女性は若者の方に振り向いていいました。

　「若者よ！　わたしが話すときは、わたしの言葉をしっかりと聞いてください。わたしは、クマの女神です。わたしの夫は、龍の神です。かれはとても嫉妬深い神です。そうですから、わたしはあなたを見なかったのです。わたしが目を向けると、かならず嫉妬するのです。ところで、あなたがもってきた宝物は、いかなる神でさえも、持っていない宝物です。かれがいま持って行った宝物は、偽物と取り換えられ、何の価値もないものをもって帰ってきます。かれは心のなかでは、すばらしい宝物を得たとおもって喜んでいます。そうですから、かれが価値のないものを持ってきたとき、それらをすばらしい宝物だといって見せるでしょう。そうしたら、あなたは次のように話しなさい。「わたしは宝物を交換する必要はありません。わたしはこの女性が欲しいのです！」そのように話せば、かれは嫉妬して、かならず怒って、どこかへ行ってしまうでしょう。そうなれば、わたしたちは結婚することができます。それはとてもうれしいことです。あなたはいまいった話をしてください」といった。

　しばらく時がすぎると、老人は微笑みをしながら戻ってきました。かれは二つの宝物をもっていました。一つは若者がもっていた宝物であり、もう一つは自分でつくった偽の宝物です。老人がいいました。

　「若者よ！　わたしは、あなたのために、すばらしい宝物を持ってきましたよ。そこで、わたしのすばらしい宝物と交換をしましょう。これはとてもすばらしい宝物ですよ。」

　すると、若者はいいました。

　「わたしは宝物をもらいたくない。わたしが欲しいのは、ここにいる女性

が欲しいのです。そうですから、わたしに宝物の代わりに、この女性を与えてください」と若者が話しました。

　かれがその言葉をきくやいなや、すぐに天上から大きく稲妻が鳴って、かれに当たり、失神してしまいました。家は稲妻で燃えて、なくなりました。若者と女神だけが残されました。それから、かれは正気をとり戻しましたが、宝物はそのまま残っていました。女神は、

　「何が起ったことかというと、わたしの夫である龍神が怒ると、その怒りが稲妻の音になるのです。こうして、あなたとわたしは一緒に暮らすことができるようになったのです。」

　そののち、かれらは一緒に暮らすことになりました。こうしてクマは半分人間の姿をして、半分動物の姿になっているのです。

（イシャナシュテが語った説話を直訳した。1886 年 11 月 9 日）

## 11. 二匹のキツネとモグラとカラス

　二匹のキツネの兄弟が相談していました。

　「ぼくたちが人間のところに行って、人間の姿に化けるのは、きっと楽しいことだろうね。」

　キツネたちは宝物をつくりはじめました。さまざまな木の葉から服や木から出てくる樹脂で、いろいろ食べる物やお菓子をつくりました。いっぽう、モグラは、キツネたちが、このようにいろいろと準備しているのを見ていました。それから、モグラは人間が住むような村をつくり、年老いた人間に変身して、その村に住みました。人間になったモグラは、すばらしい宝物や、さまざまなハーブや木の葉から服をつくりました。さらに、モグラは木の頂きから、桑の実とブドウの実を取って、おいしい食べ物をつくりました。モグラは、森のカラスやあらゆる種類の鳥を招き、かれらを人間の姿に変身させ、かれらにも家を持たせて、モグラは年老いた村長になり、鳥たちを住民に変身させました。

　しばらくして、人間の姿になった、キツネたちがやってきました。かれらは、この場所が人間の村だとおもっていました。年老いた村長は、キツネが背中に担いできた物や宝物、そして食べ物のすべてを買いました。村長は自分がつくった、すばらしい宝物をキツネたちにみせました。さらに、すばらしい衣服もみせました。キツネたちは、たいへん喜びました。老人は、

　「あなたたちは見知らぬ人たちだね。この村の人々がみんなで、踊りをするので、一緒に踊りに参加してみませんか？」といいました。

　村では、踊りがはじまりました。しかし、村人たちは鳥であるため、人間の姿であるにもかかわらず、天高く飛びはじめるのです。キツネたちは、これを見て、とても面白く、笑いました。ご馳走の桑の実とブドウの実をたくさん食べ、本当に美味しいご馳走でした。さまざまな踊りを楽しみ、キツネたちは、家に帰ることにしました。

　家に帰ったキツネは、話しあいました。

　「宝物もよかったね。さらにすばらしかったのは、人間が出してくれた、おいしい食べ物だったね。いまもそれが何であるのかわからないから、もう一度、あの村に行って、それらをもっと買いにいきたいね。」

　キツネたちは、ふたたび草木から、たくさんの宝物をつくりました。そして、その村にふたたび行くことにしました。

　その村には、モグラが黄金からなる、大きな家にいました。その家にいたのは、モグラだけで、そのほかのカラスや鳥たちは、みな遠くへ出ていました。キツネたちが家に入ってみると、神さまのような人がいるのにきづきました。その神は、キツネたちを見て、いいました。

　「よくいらっしゃいました。あなたたちは人間の姿になって、ありとあらゆる種類の、偽物の宝物をつくりましたね。わたしはあなたたちがしていたことをすべて見ていました。この村に、たくさんの宝物をもってきて、たくさんのものを買っていった。あなたたちは、これまで見たことのない食べ物をたくさん食べました。ところで、ここを人間の村だとおもっているようですが、ここはわたしがつくった村であり、あなたがたのご主人は、モグラで

す。あなたたちは、さまざまな悪いことをたえずしてきたようだ。それはとても悪いことです。もう人間の姿になろうとしてはいけない。人間の姿になるのをやめるならば、これらの桑の実やブドウの実をたくさん食べることができます。仲間であるカラスは、大地に落とした桑の実とすべての果物を、あなたたちは一緒に食べることができるのです。これは人間の姿になるよりも、はるかにすばらしいことではないでしょうか」とモグラは話しました。

　それからキツネたちは人間の姿になることをきっぱりやめました。そして桑の実とブドウの実を好きなだけ食べることができるようになりました。カラスが何かを落すと、キツネたちは木の下に行って、それらを食べました。彼らはとても仲よくなりました。

　　　　　　（イシャナシュテが語った説話を直訳した。1886年11月11日）


## 12. 盗まれたお守り


　とてもお金持ちの人が、仔イヌと仔ギツネを飼っていました。その人は、小さな銀製の船のお守りをもっていました。それはどんな神だかわかりませんが、神が与えてくれたお守りでした。ある日、このお守りが盗まれて、探してもどこにも見つかりませんでした。お金持ちの人は、このことを知って、とても悲しみ、ついに床についてしまい、どんな食べ物も口にしなかったので、死にそうになりました。飼われていたイヌとキツネが、部屋のなかで遊びまわっていますが、ご主人さまが、本当に死にそうになっているのを見て、キツネはイヌにむかっていいました。

　「ご主人さまが死んだら、われわれも飢えて死んでしまうだろう。だから、そのお守りを探した方がいいのではないか。」

　そこで、かれらはお守りを探すことで、一番いい方法について話し合いました。ついに、キツネは、それはこの世界の端にある、大きな山の頂上に棲む鬼が、お守りを盗み、箱に入れているかもしれないといいました。キツネは、このことが本当であることをたしかめるために、鬼の棲み処（すみか）にでかけ、

お守りを取り戻そうと決めました。ところが、二人だけで、これは達成できないとわかると、ネズミも加わってもらうようにしました。そこで、かれらはネズミにお願いしました。三匹は楽しそうに、踊りながら出かけました。

　鬼は病気になっている金持ちばかり見ていて、人がいつ死ぬのかを待っていましたので、イヌとキツネ、ネズミが、鬼の棲み処に近づいていることに気づきませんでした。かれらが鬼の棲み処に着くと、ネズミはキツネの助けを借りて、家の下や家のなかに通路を掘り出しました。三匹はみな通路を通り抜け、家のなかに入りました。

　家のなかを探して、大事そうな箱を見つけました。ネズミが箱をすこしずつかじって穴を開けて、お守りがあるかどうかをたしかめようとしました。そのあいだに、キツネは小さな男の子の姿になり、イヌは小さな女の子の姿になりました。かわいい二人の小さな人間が踊り、いろいろ滑稽な仕種をし、鬼を大いに楽しくさせました。しかし、鬼はこの二人がどうやって、この家に入ってきたのかと不思議に思いました。たしかに門が開いていなかったのに、どこから入ってきたのかと疑ったのです。かれらが楽しく、戯れているのを見ながら、鬼は気をそらすふりをして、あとで二人を殺そうとたくらみました。

　ネズミは箱をかじって穴を開け、箱のなかに入ると、たしかにお守りがありました。こうして、お守りを取り戻すことに成功し、ふたたび地面に掘った通路を通って、外に出ました。踊っていた小さな男の子と女の子は、いつのまにか姿を消していました。鬼はそのことに気づくと、かれらが逃げないように、門を閉じるように命じました。ところが、鬼は考え直しました。むかし、キツネに騙されたことがあったのです。そこで追いかける努力などしても、無駄だとおもいました。鬼はかれらが逃げていくのをみていたが、追いかけることをしませんでした。

　三匹は村にもどり、イヌとキツネはご主人さまの家に、ネズミは自分の棲み処にもどりました。イヌとキツネは、お守りをご主人さまの枕もとに置き、いつものように、ご主人さまの近くで、歯で服を少し引っ張りだして、遊び

まわったりしました。ご主人さまが、眼をさますと、お守りが目の前にある
のをみて、大いに喜び、感謝して、お守りを拝みました。

　ご主人さまは、イヌとキツネとネズミの助けによって、お守りが戻ったと
いう夢をみました。それからネズミを神として拝むようになり、アイヌの人
はネズミを悪い動物だと考えなくなりました。キツネはイヌによく追いかけ
られるときがあります。それはイヌと仲が良いからです。さらに、イヌがキ
ツネを追いかけているときでも、キツネに向かって顔をそむけても、キツネ
をかみつくことはしない。

（イシャナシュテによって語られた説話を思い出しながら書いた。1886年11月21日）


## 13. キツネとカワウソとサル


　むかし、世界がはじまるとき、キツネとカワウソとサルがいました。三匹
は、たいへん仲良く暮らしていました。ある日、キツネは二匹に話しました。
　「どこかへ出かけ、日本の人から食べ物や宝物を盗むことはどうだろうか？」
　二匹の仲間が同意すると、みんなで遠くはなれたところにある、お金持ち
の家から、豆一袋、塩一袋、そして筵（むしろ）を盗みました。かれらは略奪したも
のを持って、家に帰ると、キツネはいいました。
　「カワウソさん！ きみは塩をもっていくといい。それは釣りに行ったとき、
水のなかで釣った魚を塩漬けするのに役立つからね。サルさん！ あなたは
筵をもっていきなさい。あなたの子供たちが、筵の上で踊るのに役立つから
ね。わたしは豆一袋をもっていくよ。」
　このあと、三匹はみな、それぞれの家に帰りました。それからしばらくし
て、カワウソは釣りをしに、川に行きました。しかし、川に飛び込むときに、
一袋の塩を一緒に持っていたので、塩がすべて一瞬のうちに、溶けてしまい、
たいへんがっかりしました。サルも運が悪かったのです。それは筵をもって、
木の上で広げ、子供たちに筵の上で踊らせると、子供たちは落ちて、筵とと
もに地面に打ちつけられました。

　サルとカワウソは、これはキツネの策略だと考え、かれらにふりかかった不幸をとても怒り、キツネと喧嘩するために、二匹は一緒になりました。二匹はキツネがもっていった袋から、たくさんの豆を取り出して、それらを噛み砕きました。そして、自分たちの体全体に、粘土を塗りつけて、ひどい病気になったふりをして、床に伏していました。それでもキツネは何もいってこないので、カワウソとサルがキツネを殺そうとキツネの棲み処に行きました。そうすると、キツネは

　「わたしが受けた、哀れな姿が、どんなものか見てください！　あなたたちを騙したことの罰として、わたしの体が、いまや沸騰したように膨れ上がって、いままさに死にかけようとしています。あなたたちは、わたしを殺す必要などはない。向こうに行ってくれ！　すぐにかならず死ぬから」といいました。

　サルはこのありさまを見て、キツネが真実を話しているようだとおもいました。そこで、サルは海を越えて、日本へ去っていきました。こうしたわけで、アイヌの土地には、いまもサルがいないのです。

　　　（イシャナシュテが語った説話を思い起こして書き留めた。1886 年 7 月 11 日）

## 14. キツネとトラ

　(I)

　トラがキツネにいいました。

　「世界の頂上である天から、世界の底である地まで、競争をしよう。それに勝ったものが、世界の支配者になるのだ！」

　キツネは同意すると、トラがすぐさま飛び出しました。だが、キツネはトラの尻尾を摑んで、引っ張っていることに、トラは気づきもしなかったのです。ちょうど、トラがもう世界の端に近づこうとすると、はるかうしろにいるとおもっていたキツネを見たとたん、突然、ぐるぐると振り回されました。この動きをしたために、キツネははるか遠くに投げ出されました。キツネは

驚いたトラにむかって、叫びました。

「ここにいますよ。トラさんは、どうしてそんなに長いからだになったのですか？」

こういうわけで、アイヌの土地にはトラは一匹もいないのです。


（II）

キツネはトラにいいました。

「トラさん！　あなたは、あらゆる生き物のなかで、もっとも悪賢いといわれていますね。いま張り合いをして、どちらがもっとも大きな声で叫ぶことができるかをやってみましょう。」

トラにとっては、自分が世界の最高の地位にいるのだから、そんなことで負けることはないとおもっています。そこで、キツネと張り合うことに同意しました。二匹は並びました。トラがはじめに大声を上げたとき、キツネはあらかじめ、掘っていた穴のなかに、頭を入れました。キツネが穴に隠れていることなど、トラはまったく気がつきませんでした。こののちキツネの耳は、トラの唸り声に驚かされることはありませんでした。

トラは大きな唸り声をあげました。その声は世界の頂上から、世界の底まで聞こえたに違いありません。トラは、この声を聞いたキツネは気絶したとおもいました。だが、キツネはトラの唸り声が終わると、すぐに隠れていた穴から飛びだして、いいました。

「おやまあ！　トラさん！　あなたの声は、まったく聞こえませんでしたよ。トラさんは、もっと大きな声で、唸ることができるはずだから、もう一度やってみてくださいよ。」

これを聞くと、トラはとても怒りました。キツネが自分の声に驚いて、死んでしまったとおもったのですから。そこで、トラは、さらに大きな声を出して、唸りました。トラが大声を出すと、キツネはふたたび頭を穴に隠しました。トラは大声を出し続けているうちに、ついにトラの内臓は破裂してしまいました。

　こうして、アイヌの土地には、いまもトラが一匹もいないのです。また、キツネはいまもずる賢いので、言葉が雄弁なのです。

　（イシャナシュテが語った説話を思い出しながら書き留めた。1886 年 11 月 27 日）

## 15. 好奇心をもつと罰せられる

　むかし、世界がつくられたばかりのとき、すべてはまだ安定していなかったので、危険でした。地球の地殻は薄く、地面の下は、いまだ燃えていました。このため、人々は小屋の外に出て、食べ物を手に入れようとすることもできませんでした。それは足の裏が焼けてしまうからです。そこで、オキクルミ神は、人々に食事を与えていました。オキクルミ神は、かれらのために魚を釣り、捕まえた魚を、妻であるトゥレシに、人々に与えるように命じていました。だが、オキクルミ神は、人々に、妻には一言も問いかけをしないことと、妻の顔を見てはならないと、命じました。

　ところが、ある日、小屋のなかにいた、男がただで食べ物を与えられることに、納得いかなかったので、オキクルミ神の命にしたがわないで、トゥレシに声をかけようとしました。男は毎日、自分たちのところに、食べ物を持って来るトゥレシが、どのような顔をしているのかを、見たいとおもいました。そこで、トゥレシの手が、窓のところに伸ばされたとき、手をつかみ、力ずくで引っぱりました。彼女は大声で叫び、あがきました。トゥレシは小屋のなかで、からだをのたうちまわし、ついに、もだえた龍に変わりました。すると、空は急に暗くなり、稲光が鳴りました。

　龍は天に向かって姿を消すと、小屋は稲妻によって丸焼けになりました。オキクルミ神は男がしたことに、とても腹を立てました。それ以後、オキクルミ神は人々に食べ物を与えるのをやめて去っていきました。それいらいオキクルミ神がどこに行ったのか、誰も知りません。

　こうして、アイヌの人は、そのときからずっと貧しくなって、悲しい日々をすごすことになりました。

（クテアシュグルが語った説話を思い出しながら書き留めた。1886 年 7 月）

## 16. 誰が世界を統治すべきかを決める

　創造主が、人間の世界を創造し終えたとき、善神と悪神はみな、好き勝手に世界の所有をめぐって、いい争いをはじめました。ついに、この世界の支配者になりたいという悪神とこの世界の支配者になりたいという善神が議論することになりました。そこで、つぎのような取り決めで、合意することにしました。

　日が出るとき、はじめに光を見たものが、世界を支配することができるとしました。もしも悪神が光をはじめに見たならば、世界を支配すべきであり、もしも善神が光をはじめに見るならば、世界を支配すべきであるとしました。そうして、悪神と善神は光が昇ろうとする方角に向かって、日の出を見にいきました。ところが、キツネの神だけが、西に向いて立って、見ていました。しばらくすると、キツネの神が叫びました。

　「日の出が見えたよ！」

　悪神と善神が、振り返ってじっと見つめると、西の方に、光が燦然と輝いているのを、実際に目にしました。こうして才気あるキツネの神が、世界を支配するようになったのです。

（イシャナシュテが語った説話を直訳した。1886 年 7 月 10 日）

## 17. 妻がいなくなった男

　ある男は妻がいなくなったので、山を越え、谷を渡り、また森や海岸など、いたるところを探しました。広い平原にたどり着くと、そこに樫木がそびえ立っていました。その樫木を登ると、家がみえました。その家にいって、妻のことを聞いてみようとおもいました。家のなかには、心優しそうな老人が、住んでいました。その老人がいうのには、

「わしは樫木の神である。お前が妻を見失ったことは知っている。しかも、お前が一生懸命に探しているのを見ていた。しばらく、ここで休みなさい。十分に食事をとり、そして煙草を一服吸って、ふたたび、元気をとりもどすのがいい。そうしたあとに、もしもふたたび、妻を見つけたければ、わしの命令にしたがうようにしなさい。それは、ここに黄金のウマがいる。そのウマの背中に乗って、天にむかって、飛びあがりなさい。それから、天に着いたら、通路を走りまわり、たえず歌いつづけなさい」といった。

そこで、その男は鞍と馬飾りがみな金からできているウマに跨ると、すぐ天にむかって飛びあがりました。天にたどり着くと、そこは自分が住む世界とおなじように見え、とても美しい世界であることを知りました。天界は大きな都市で、何本も通路があちこちと延びていました。男はウマに乗っているあいだは、ずっと歌いつづけました。天界に住む人たちは、みなかれをじっと見つめていました。しかし、かれらはみな両手を、鼻に当てて、「下界からきた生き物は、なんという臭いをしているのだろうか！」といった。

かれらはその臭いに耐えられなくなりましたので、天界の神に頼みました。神がやって来て、かれに「この国から去ってくれるならば、あなたの妻が見つかるようにさせよう」といいました。それを聞いた男は、すぐに地球に戻っていきました。

樫木のふもとに降りると、男は樫木の神にいいました。

「ただいま帰りました。あなたが命じたように、ウマに乗っているあいだは、歌をうたい続けました。しかし、妻を見つけることはできませんでした。」

すると、「ちょっと待ちなさい」と樫木の神がいいました。

「あなたが天界に訪れたことで、どれほどの騒ぎになったかはしらないが、あなたの妻を誘拐したのは、鬼だったことがわかった。鬼は地獄の地下界から、天上の世界を見上げたとき、お前が天の通路を歌いながらあちらこちらと、ウマに跨って歌っているのを見て、とても驚いていた。鬼の視線が、お前が行く方向に、くぎ付けになっていたあいだに、わしは静かに地下界を歩き回ることをした。鬼の注意が奪われていたので、あなたの妻をみつけ、閉

じ込めていた箱から妻を解放することができましたよ。」

　樫木の神は、男に約束したとおりに、妻を連れ戻すことができました。それから、その男に妻と黄金のウマを引き渡しました。

　「いいかい、この黄金のウマに乗って、ふたたび天界へ旅をしてはならない。この地上にとどまっていれば、そのウマは子を生むであろう」といった。

　夫婦は樫木の神の命にしたがうと、たいへんな金持ちになりました。黄金のウマは、二頭のウマを生み、この二頭が同じように仔ウマを生みました。

　こうして、アイヌの土地に、ウマがいっぱいになりました。

　　（イシャナシュテから聞いた説話を思い出して書き留めた。1886年7月21日）


## 18. アイヌの土地にはじめてウマがあらわれた

　とても美しい女性に、夫がいました。かれは狩りがとても巧みな人でした。ところがある日、山に出かけると、戻らなくなってしまいましたが、ある夜中に、かれは戻ってきて、シカを背負っていました。夜食でそのシカを食べました。遅くなったので寝ることになりました。真夜中に女性は泣き叫びました。

　「この男はわたしの夫ではありません。恥ずかしいながら、そうである事実をいいましょう。夫の陰茎がとても大きいので、わたしの膣には入りません。そんなのが挿入されたならば、わたしは死んでしまうでしょう。」

　彼女の叫び声に驚いて、隣人たちが駆け寄って家に入ってきました。一人の強者が棒を持って、夫を殴って、「お前は、何かの悪魔に違いない」といいました。

　そうすると夫はウマになり、いななきながら逃げていきました。ところが、殴られた夫はそこで死んでいました。じつは夫が殺されると、ウマになって逃げだしたのです。アイヌの人がはじめてウマを見たときです。むかしはあらゆる種類の生物が、このように人間の姿になったことがあったといわれています。

（ペンリが語った説話を直訳した。1886 年 7 月 12 日）

## 19.　日の出

　世界のはじめ、太陽が東から昇ると、悪魔が太陽を飲み込もうとしました。しかし、誰かが二、三羽のカラスやキツネを悪魔の口のなかに突き刺さしました。そうしているあいだに、太陽は高く昇っていったのです。この世界にはおびただしい数のカラスとキツネという生き物がいたときの話です。こういうことから、この世界での物事の始まりは、このようにおこなわれたのです。この尽力にたいして、カラスとキツネは、人間が食べるものをすべて与えられるようになったといわれています。それはいま述べた事実によるからです。

（ペンリが語った説話を直訳した。1886 年 7 月 13 日）

## 20.　二つの光の性

　むかし、夜に出てきたのは女の光でした。しかし、道徳的でない性の楽しみが、外の草むらで行われているのを見て、女はとても驚きました。そのことにそれほど気にしていない男の光と交換してもらうことにしました。いまは太陽が女の神であり、月が男の神になったのです。しかし、真昼であっても、若い人が草むらのなかで、公然と性の楽しみをしているのを見れば、女の神はまた驚くはずです。

（イシャナシュテによって語られた説話を思い出して書き留めた。1886 年 11 月）

# II 道徳的な説話

## 21. 善い人への贈り物と悪い人への贈り物

　ある男が、川に網を投げ入れていました。網を投げ入れると、大量の魚を生け捕ることができました。そこにワタリガラスが来て、かれのそばに止まりました。とても魚を欲しがっているようだったので、男は哀れとおもい、魚を一匹洗って、ワタリガラスに与えました。ワタリガラスは、大喜びして魚を食べました。そののち、ワタリガラスがふたたびやって来ました。ワタリガラスは鳥であるのに、いまはまるで人間のように話しました。

　「あなたが魚を食べさせてくれたことに、とても感謝しています。もしも、わたしの父のところへ一緒に来てくださるなら、父も感謝したいといっています。そうですから、どうか来てください」といいました。

　男はワタリガラスと、一緒に行くことにしました。ワタリガラスは、空を飛んでいくので、男は急いで、歩きました。長い道のりを歩いていくと、大きな家に辿り着きました。そこはワタリガラスの家のようです。男は家のなかに入りました。そこにはワタリガラスの姿をしているが、人間の顔をしていた神のような老夫婦がいました。さらに神の子のような少女もいました。じつは、この少女が男を連れてきたワタリガラスでした。老父が話しました。

　「わたしはあなたの行為に、どんなに感謝しても感謝しきれないほど、うれしかったです。娘においしい魚を与えてくれたことに、とても感謝しています。そこで、あなたにお礼をしたいために、娘にあなたをここに連れてこさせました。さて、わたしはあなたにもっとすばらしい宝物を与えたいのですが、どんなものでも役に立たないでしょう。しかし、ここに金のイヌと銀のイヌがいます。この二匹のイヌをお礼として差し上げます。二匹のイヌは大いに役立ちます。金のイヌは金を排泄し、銀のイヌは銀を排泄します。こ

れらの金と銀を人に売れば、お金持ちになるでしょう。このことを心に留めておいてください！」といいました。

　男はうやうやしくあいさつをして、二匹のイヌを連れて、家に帰りました。男はイヌに少し餌を与えると、金のイヌが排泄すると金をだし、銀のイヌが排泄すると銀をだしました。男はその金と銀を売って、大金持ちになりました。

　大金持ちになったことを知った、隣に住む男は、真似をすれば、自分も金持ちになれると考えました。そこで、その男は川に行って網を張りました。そうすると大量の魚を捕ることができました。そこに話の通りに、ワタリガラスがやってきました。そこで男は魚に泥をこすりつけ、ワタリガラスに与えました。ワタリガラスは飛び去ったので、男はワタリガラスを追いかけました。長い道のりを歩くと、大きな家に辿り着きました。かれはその家に入ることにしました。そこには神のような老人が、とても怒っているようでしたが、つぎのようにいいました。

　「あなたはとても悪い心の持ち主です。わたしの娘に魚を与えたときに、泥を擦りつけて魚をくれました。このことを知って、とても怒っています。しかし、わざわざ家に来ましたので、仔イヌを数匹あげましょう。もしも、これらのイヌを、ちゃんと扱ってくれるならば、あなたはお金持ちになるでしょう。」

　老人が話すと、金と銀のイヌを男に与えました。男は頭を下げると、イヌとともに、家に帰りました。それから、男は考えました。

　「このイヌたちに、十分に餌をあげれば、たくさんの金銀が得られるであろう。でも、イヌたちに少しずつ排泄させるのは、愚かなことだ。餌をたくさん与えれば、すぐに金持ちになるに違いない。」

　こうして、イヌたちには汚いものでも、なんでもたくさん餌を食べさせました。そうすると、イヌたちは金や銀を排泄しないで、汚い糞ばかりを排泄しました。男の家は汚く、くさい糞だらけでいっぱいになりました。最初の男は、老人からいわれたように、イヌたちに餌を少しずつ与え、おいしい食

べ物だけを食べさせたので、少しずつ金や銀をだしましたから、大金持ちになったのです。

　このように、むかしの時代から、金持ちになりたいとおもった人は、心が善い人であれば、かならずお金持ちになれるのです。それにたいして、心の悪い人は欲が深いため、さまざまな悪い行いをするので神は怒ります。この話のように、神が怒ると、金のイヌでも、糞だけしか排泄しないのです。心の悪い人の家は、あまりにも汚くなって、糞でいっぱいになったのとおなじです。

　いいですか！　人間たちよ、悪い心であってはならない。これはわたしが聞いた話です。

（イシャナシュテが語った説話を直訳した。1886 年 7 月 20 日）

## 22. キツネになった男

　ある人のふるまいは、あまりよくなかった。かれはあらゆる場所に行き、嘘をつき、人から物を強請り取ることばかりをしていました。そののち、しばらくして、ふたたび強請りをしようとしたときは、ほかの場所に行ってするのでした。かれが道を歩いているときは、どんな嘘をいうのかをいつも考えていました。

　そうしていると、ある声を耳にしました。それは人間のことばではありません。自分で「ポウ！ ポウ！*」といっている声を耳にしました。そこで不思議におもい、ふと自分の体を見ると、キツネになっているのです。自分の村に戻っても、ほかの場所に行っても、イヌがキツネを殺そうとします。涙を流して、道を通りすぎ、山へと向かいました。そこで葉がたくさん繁っている、大きな樫木があったので、その樫木の下で泣いているうちに、横になって眠りに落ちていきました。

　キツネは、ある夢を見ました。大きな家の外に自分がいました。そこに神のような女が、その家から出てきて、いいました。

「ああ！　なんと悪いキツネだろう！　いや、なんと悪い人なのだ！　お前は
きっと悪い神であり、悪魔に違いない。だから、お前がした悪い行いにたい
して、神が罰を与えたのだよ。このように悪魔になったのに、どうしてわた
しの家に来ているのか？　お前など一人にしておいたほうがいい。だが、わ
たしは樫木の精霊であり、自然界の樹木の首長といわれているので、お前が
わたしの家のそばで死ぬのは、侮辱されるようなものだ。お前のような悪い
者は、いま一度、人間に変えて、家に送り返してしまおう。これからは、二
度と誤った行いをするのではない！」

　かれは夢からさめると、木のてっぺんの枝が折れて、音をたてて地面に落
ちました。とても恐ろしい夢であったとおもいました。かれは急に飛び起き
ると、ふたたび人間になっていることに気がつきました。それからは、樫木
を崇拝するようになったのです。かれは家に帰ってからは、悪い行いをしな
くなりました。

　いいですか、お前たち、人間は悪い行ないをしてはいけないよ。そう、い
ま生きているお前たちよ！

（ペンリが語った説話を直訳した。1886 年 7 月 19 日）

**原書注**
\*「ポウ！　ポウ！」とは、キツネが鳴く擬音語。

## 23.　ネズミの少年

　ある村に、とても裕福な夫婦が住んでいましたが、子供がいませんでした。
かれらは子供をとても欲しがっていました。ある日、妻が薪を取りに山に行っ
たとき、小さな男の子が木のそばで泣いているのを見つけました。これをみ
て嬉しくなり、この子を村に連れて帰りました。それから、かれらは少年と
一緒に過ごしました。

　かれらの村は、シカと魚がたくさんとれるところでした。人々が食べたい

ものは、なんでも備わっています。ところが、近頃は村人がシカを捕りにいっても、一頭も捕まえることができなくなりました。また、魚を求めても、まったく捕れることがありませんでした。こうして人々はとてもお腹が空いた日々が続きました。

　ある日、隣の村で魚とシカの獲物がたくさん取れたというのを耳にしました。そこで、妻は子供を連れて、山を越えて、その村に食べ物を買いに出かけました。やっと村の首長の家に辿りつきました。

　女は魚が棒にたくさん吊るされているのを見ました。また、肉も棒に吊るされていました。目に涙が出るほど、食料がほしかったので、首長のところで買い求めました。夜遅くなったので、女と子供は首長の家に一晩泊まることにしました。夜食では、女と子供は魚のもっともおいしい部分と肉のもっともおいしい部分を食べました。横になると、疲れたこともあって、またたくまに寝入りました。

　夜中になると、男の子が静かに起きだしました。しばらくすると、女の耳に聞こえてきたのは、棒に吊るされている魚と肉をネズミがかじる音でした。女がうとうとしているうちに、明け方になっていました。男の子はいつのまにか静かに戻って来て、女の側で横になって寝ていました。

　家の人が起きると、首長が外に出て、つぶやいていいました。

　「このぐらいのネズミがいなかったかい。おいしい魚とおいしい肉を、かじっているネズミがいたのだよ。」

　翌朝、女は魚と肉を大量に買って、家路につくことにしました。小さな男の子には前を歩いてほしかったが、そうすることを嫌がって、女のうしろを歩きたがりました。あるとき背負っている荷物をネズミがかじる音が聞こえましたので、女が振り返ると男の子が歯を見せて笑っていました。かれらは家に帰りました。

　家に着くと、女は魚と肉を倉庫に入れて保管しました。夫にこれまで村で起きたできごとをささやきました。そうすると、夫は隣の部屋に入り、罠を仕掛けました。罠は倉庫にも仕掛けられました。そうしてから、かれらは寝

ました。小さな男の子は女と夫のあいだに寝ていました。しかし、しばらく
して、男の子は静かに起きあがり出かけていき、それから戻ってこなかった
のです。

　夜が明けたので、家の男が倉庫に入ると、大きなネズミが罠にかかってい
るのをみつけました。男はネズミを罠から下ろし、打ち続けて殺し、ゴミの
山にすてました。

　その夜、男は夢を見ました。神のような人があらわれて、このようなこと
を話しました。

　「お前たちは子供がいなく、子供を欲しがっていた。罠にかかった悪いネ
ズミは、じつは小さな男の子であり、姿を変えて、お前たちの家に住んでい
たのだよ。こうしてネズミを殺してしまったので、お前の村は汚染されてし
まった。これはとても残念なことだ。お前たちは子供を持ちたかったのだろ
う。」

　このように神が語る夢を見たのです。これが真実であるなら、かれらには
子供がいなかったから、子供をさずかったことを知りました。

　この説話は、子供や仔イヌを海岸や山のなか、またどのようなところでも、
見つけることがあったら、その素性も知らないで、家に住まわせてはいけな
いのです。

（ペンリが語った説話を直訳した。 1886 年 7 月 20 日）

## 24. 使えるものを捨てるな

　ある男に、小さな男の子がいました。その子は、毎日神のような男の子と
女の子と遊んでいました。しかし、小さな男の子だけが、男の子と女の子の
姿を見ることができたのです。両親は二人の子を見ることができません。子
供は男の子しかいないと考えていました。

　ある日、男の子が病気になりました。病気しているあいだ、二人の遊び仲
間は会いに来ませんでした。ところが、男の子が死ぬ間際になってはじめて、

やっと二人はあらわれました。小さな女の子がいました。

「わたしたちは、あなたが病気になる原因を知っています。それはあなたのおじいさんが、美しい斧を持っていたときのことです。わたしはその斧で作られた小さな皿です。わたしと一緒に来る、小さな男の子はすりこぎで、木から作られました。斧はわたしたちの首長であり、わたしたちはその子供なのです。しかし、あなたのおじいさんは悪い人で、その斧を捨ててしまいました。いまは床の下にあって、錆びてしまっています。このことが原因で、あなたは病気になったのです。病気はおじいさんを罰するためになったのです。われわれの首長である斧が怒っているのです。わたしたちはあなたの遊び仲間ですから、もしも生きたければ、あなたの父親に斧を探させ、それを磨き、斧に新しい取っ手をつけ、神像として神聖に扱わなければならないことを、警告しに来たのです。こうすれば、あなたの病気が治り、斧は人間の姿になって、あなたのところに訪れてくるでしょう。」

男の子は、このことを父親に話しました。父親は自分の息子が、夢の中で示したことを考えました。そして、家の床下を探すと斧を見つけました。その斧を磨き、新しい取っ手をとりつけ、斧に敬意を表して、神像にしました。そうすると、息子の病気はすぐに治りました。

そのあと、斧はとても容姿が整った男となってあらわれました。お皿とすりこぎも一緒にいて、小さな男の子と兄弟姉妹になりました。斧は神ですので、これから起きるすべての原因を知っていました。お皿とすりこぎは、いつも男の子にいろいろなことを伝えました。

村で誰かが病気になると、どうして病気になったのかがわかり、どのようにすれば病気が治るのかを男の子は知っていました。男の子は、いつのまにかすばらしい占い師、または魔法を使う者としてみなされ、死を生に変える力がある人と信じられていました。こうして、村の人々はかれをそのような存在として、見るようになりましたが、村人には神の知らせをいう斧、お皿、すりこぎなどを見ることはできませんでした。

祖先がもっていたものは、絶対に捨ててはいけないのです。もしも、その

ようなことをするならば、あなたたちは神に罰せられるでしょう。

　この説話には、いま一つのいい伝えがあります。

　ある女が子供を生んだあとに、その子供が死んでしまった。それは彼女自身が、子供のときに遊んだ、木片からできていた鳥のような形をした人形を草のなかに捨てたからです。そのため人形が怒ったという事実から話が生まれました。いま匙（さじ）や茶椀、鍋が天井の鉤（かぎ）から吊るされて火の上に掛けられた囲炉裏で話す雑談は、薪が半分燃えかかるところから聞こえてくるのです。それは夢のなかで女の夫に警告した話です。そのあと、捨てられた人形が探しだされて見つかると、人形に敬意をあらわして、神像をつくりました。女は子供を生みました。生まれてきた子供は両親にとっては大きな喜びとなり、その子供は長生きしました。

　　（イシャナシュテが語った説話を思い出して書き留めた。1886 年 12 月 2 日）

## 25.　意地悪な魔術使いは罰せられる

　ある日、魔術使いは、ある男にいいました。「ある山頂に登り、下の雲の帯に飛び降りると、雲の上に乗って、全世界をすべて見ることができるだろう。」

　これを信じた男は、魔術使いがいったようにして、本当に雲の上に乗ってみました。こうして、すべての世界を訪れ、人間と神が描かれている世界の地図を持ち帰りました。アイヌの山頂に戻ると、雲から降りて山を越え、谷に降りました。そして魔術使いに、旅ができて楽しかったことの喜びを伝え、とても多くの不思議な光景を見ることができた機会を与えてくれたことに感謝しました。

　魔術使いは、これを聞いて驚きました。それというのは、その男に語ったことは嘘であり、かれが死ぬように意図していたからです。これは 邪（よこしま） な嘘でした。魔術使いは、じつは、これまでかれを憎んでいました。それでも、

かれはなんでもなく根拠もない話を、実際起こる事実であると考え、こうした簡単な方法で、世界を見ることができるとおもったのです。そこで、魔術使いは、かれが山頂に登り、下に流れる雲の帯を見て、そこに飛び降りれば、すぐに下の谷にうちつけられて、粉々になって死ぬと考えて、嘘をいったのでした。

　その夜、山の神は夢のなかにあらわれて、いいました。

　「魔術使いよ。かれを騙したことは、愚かなことであるので、死に相当するものだ。あなたを傷つけないように守ったのは、とても善い人であるからだ。魔術使いが、すすめたことにしたがって、雲に飛び降りたが、それは男を勇気づけ、賢い人にするために、世界を見させたのだよ。」

　この話から学ぶことは、悪いことをすると、かならず厳格な罰をうけることになるのです。

　　　　　（イシャナシュテが語った説話を思い出して書き留めた。1886年7月21日）


## 26.　怒ったカラス


　ある村に、男がやってきました。その男はどこの人であるのか、だれも知りません。上質の黒い上着を着ていました。かれがそこにきたとき、米酒を醸造していましたので、米酒を少し飲むように差し上げると、男はとてもうれしくなって、踊りだしました。しばらくすると、男が外に出ていきました。ところが、戻ってきたときには、口に硬い糞をくわえて、家に入ってきて、床の間に落としました。家の主人が怒り、その男に殴りかかりました。すると、その男は大きなカラスになって、窓から飛び出し、「カー！　カー！」と鳴いて、飛んでいきました。

　この説話の教訓は、カラスでも恐るべき生き物だということです。十分に注意しなさい！

　　　　　　（ペンリが語った説話を直訳した。1886年7月11日）

〔この物語には、別の説話があります。これはJ・バチェラーが、わたしに話

したものです。

　カラスは、自分より美しいという鳥が開いた宴（うたげ）に、招待を受けなかった。このことに激怒して、口に硬い糞をくわえて、空高く飛び、それから宴会の真ん中に落としました。そこにいた客は大騒ぎしました。小さな小鳥たちは、争いをやめるために、和解について協議しました。しかし、それは結局、自分たちではなく、招待する一覧から、カラスを省いてしまった鳥が、真摯（しんし）に考えることだとなりました。

　ここで語る教訓は、あなたが宴を開くならば、すべての友達を宴に呼ぶことである。もしも誰かを取りのぞくと、その人は傷つくに違いないからです。〕

## 27. オキクルミ、サマユングルとサメ

　ある日、オキクルミと弟であるサマユングルは海にでて、投げ槍で大きなサメを突き刺しました。釣り糸をつけたまま、サメは海を上へ下へと泳いで逃げました。二人はサメを引っ張るのに、ひどく疲れ、船があちこちへ引っ張られるのをとめることができませんでした。かれらの手は血まみれになり、背中と手のひらが、水ぶくれになりました。サマユングルは、船底に沈んで、息絶えてしまいました。ついに、オキクルミ神は、これ以上持ちこたえられず、サメを罵（ののし）りました。

　「お前は、なんと悪いサメだ！　おれは綱を切ることにする。しかし、鉄と骨を半分入れた銛（もり）は、お前の肉に刺さったままだ。だから、お前のからだは、鉄の残響（ざんきょう）で骨が傷んでいることを感じるだろう。ラスパの木とシウリの木で作った槍の柄が体のなかに入り、銛の先端に絡（から）みついた海藻と、銛を結んでいるニペッシュの木が、お前に繋がっているから、それらはしだいに膨らんでいくだろう。お前はとても強い魚だが、もう海の中で泳ぐことはできず、死に絶えるであろう。そして、最後に、沙流川（サル）の河口に陸あげされるが、ハシボソガラスやイヌ、そしてキツネでさえも、お前を食べることはない。そんなことをしたら、かれらは無駄骨（むだぼね）に終わるだけだ。だから、おまえは最後

には、地上で腐ってしまうのだ。」

　サメは、人間が嘘をいっているのだとおもって笑っていました。オキクルミは綱を切ったあと、長い旅をして、やっと陸にたどり着きました。それから、かれは死んだサマユングルを蘇生させました。

　そののち、サメは死んで、沙流川の河口に打ち上げられました。半分の鉄と骨から作られた銛の先端が、サメの肉に刺さっています。鉄で激しく打たれた残響と、骨の切り傷を体で感じていたにちがいありません。サメの皮には、オキクルミが使った、槍の柄を作ったラスパの木とシウリの木、さらに銛の先端がサメの体にしっかりと絡まった海藻と銛を結んだ綱のニペッシュの木が膨れて、大きくなっていました。ハシボソガラスやイヌ、そしてキツネでさえ、そんな悪いサメを食べることをしませんでした。ただ、かれらは食べる労力を使うのは、意味がなかっただけです。サメはついに地上で朽ち果てたのです。

　これは戒めである。ああ！ サメたちよ、このサメが死んだように、死なないようにしなさい！

　　　　（イシャナシュテが語った説話を思い出して書き留めた。1886年11月24日）

# III　パナンベとペナンベの説話

## 28. パナンベとペナンベと泣きギツネ

　パナンベとペナンベ*という男がいました。パナンベは川の土手に降りて、呼びかけました。

　「ああ！　崖の向こうにいる仲間よ！　わたしを舟で渡してください！」

　すると、かれらは答えました。

　「まず舟から水をすくい取らなければなりません。わたしたちを待ってください！」

　しばらくして、パナンベはふたたび呼びかけると、

　「わたしたちの舟の棹が一本もないのです」といい、「わたしたちは、棹をいま何本か作っています。待ってください！」といいました。

　少しして、パナンベは三度目の呼びかけをしました。かれらはつぎのようにこたえました。

　「あなたのために向かっていますよ、待ってくださいね！」

　そうしているうちに、船があらわれました。それは大きな船で、キツネがいっぱい乗っていました。

　そこで、パナンベは硬くて頑丈な棍棒を手に握って、死んだふりをしました。するとキツネがきて、こう話しました。

　「パナンベよ！　あなたは哀れな人だ。凍えて死んでしまったのか、それとも飢えて死んだのか？」

　この言葉を聞いて、キツネがみな、かれのところに近づき、泣きだしました。そうすると、パナンベは棍棒を振りまわし、キツネをみな打ち倒しました。ただ片足を折った一匹のキツネだけは、そのまま逃しました。残りのキツネをみな殺すと、パナンベはキツネを家に持ち帰り、キツネの肉と皮を売っ

て金持ちになりました。

　それからペナンベが、かれのところにやってきて、話しました。

　「あなたもわたしと同じように、貧しかったのに、どうやって、そんなにたくさんのキツネを殺して、それで金持ちになったのか？」

　パナンベは答えました。

　「おまえがわたしと一緒に食事をするなら、おまえに教えてあげるよ。」

　ペナンベは、「そのことは、すべて聞いたことがある」とすぐに答えた。

　そして、ペナンベは敷居に向かって、小便をかけて出て行きました。

　ペナンベは川の土手に降りて、パナンベがしたように叫びました。返事がありました。

　「いま舟を作っていますよ。待ってください！」

　しばらくして、また叫ぶと返事がありました。

　「いま棹を作っています。待ってください！」

　かれらがあらわれました。船にはたくさんのキツネが乗っていました。そこで、ペナンベはまず死んだふりをしました。それからキツネがくると、「ここにいるペナンベは哀れだ。風邪をひいて死んだのか、それとも食糧がなくて死んだのか？」といいました。

　この言葉を聞くと、キツネたちはみなペナンベのところに近づき、泣きました。しかし、かれらのなかに、一匹のキツネが足を引きずって、話しました。

　「おれは、むかし起こったことを覚えている。だから、離れたところで泣いたほうがいい！」

　キツネたちは、はるかに離れたところに座って、泣きました。ペナンベは、キツネを一匹も殺すことができませんでした。かれが棍棒を振りまわすと、キツネはみな逃げたからです。とうとう、かれはキツネを一匹もとらえることができませんでした。みじめな死にかたをしたといいます。

　　　　　　　（イシャナシュテが語った説話を直訳した。1886年7月23日）

原書注
*パナンベは「川の下流にいる人」を意味し、ペナンベは「川の上流にいる人」を意味する。

## 29. パナンベとペナンベと昆虫

　パナンベとペナンベという男がいました。パナンベは海岸へ降りて、砂の上にしゃがみこみ、着物を引き上げ、海に背中を向けてから、できるだけ肛門を広く開きました。そうすると、クジラやサケ、ほかのおいしい魚など大小のちがいがあっても、肛門を岩の中にある美しい洞窟だとおもい、みな肛門に向かって泳ぎました。パナンベはとても喜びました。体内が魚でいっぱいになると、肛門を閉じて、家に走って、帰りました。

　家に着くと、戸口と窓を閉めました。パナンベは、ふたたび肛門を開くと、クジラとサケ、そして多くのおいしそうな魚など、すべての魚を出したので、家全体が魚でいっぱいになりました。戸口と窓が閉じられていたので、魚は泳いで逃げることもできませんでした。パナンベは、それらの魚をすべて捕まえ、何匹かを食べ、そのほかの魚を売りました。こうして、かれは金持ちになりました。

　そののち、ペナンベが上流からやってきて、話しました。

　「お前さんは、以前は貧しかった。いまはたいへんな金持ちになっている。どうやって、そんなに金持ちになることができたのか？」

　パナンベはいいました。

　「わしの家に来て、食事をしよう。食事をしているときに教えるよ。」

　そこで、ペナンベに、どのように金持ちになったかを話したとき、ペナンベはいいました。

　「おれは、そのことを以前に聞いたことがあるから、知っているよ。」

　このようにいうと、ペナンベは敷居に向かって小便をして、外に出ていきました。

　海岸に行ったペナンベは、パナンベが以前行ったのと同じことをしました。肛門を海に向かって、できるだけ広く開きました。そうすると、クジラとサケとほかのおおくの大小の魚が、入り込んでくるのを感じました。体のなかがいっぱいになると肛門を閉じ、急いで家に走って帰りました。

　ペナンベが家に着くと、戸口と窓を閉め、さらに小さな隙間でさえも塞ぎました。それから、肛門をふたたび開いて、クジラとサケやおいしい大小の魚などを、外に出しました。家全体は魚でいっぱいになりました。ところが、それらの魚が外に出したとき、クジラやサケ、そしてあらゆる種類の魚などが出るのを感じましたが、実際には、スズメバチ、アブ、ハエ、クモ、ムカデ、さらにほかの有毒な昆虫もいて、ペナンベをひどく刺したのです。昆虫たちは外にでられなかったのは、ペナンベが窓と戸口を閉め、さらに小さな隙間でさえも塞いでいたからです。こうして、ペナンベのからだのなかに入ってきたスズメバチやムカデ、そのほかの毒のある昆虫などに刺され、ペナンベは死にました。

　　　　　　　　（カンナリキが語った説話を思い出して書いた。1886年6月）


## 30. パナンベとペナンベとアシカ


　パナンベとペナンベという男がいました。パナンベは海岸に行き、あちこちと歩いていました。それから、かれは海のなかにアシカを見つけました。そのアシカを捕まえて、その肉を食べたかったのです。そこで、かれはアシカに向かって、声をかけました。

　「おおい、アシカさん、こちらに来るなら、頭からシラミを取ってあげますよ。」

　アシカはシラミを頭から取ってくれると聞いて、とても喜びました。かれのところまで、急いで泳いできました。かれはシラミを頭から取るふりをしました。しかし、実際には、かれはその頭の部分の肉や脂肪を取って食べていました。それから、「すべてのシラミが取れましたよ。いってもいいです

よ」といいました。

アシカが少し泳いでから、シラミが本当にちゃんと取られているかどうかをたしかめるため、前肢を頭にもち上げました。そうすると、肉と脂肪がすべてなくなり、骨だけが残っていることがわかりました。アシカはたいへん怒り、パナンベをとらえて殺そうと、海岸に向かって、急いで泳いで戻りました。

パナンベは、アシカが自分を追いかけてくるのを見て、山のほうへ向かって、陸地を走りました。しばらく走ったあと、道が分かれているところに着きました。そこには、老いたカラスが木にとまっていて、いいました。

「右か左か！　左か右か！　それによって、賢い人であるか愚かである人かがわかる。」

右への道は広く、左への道は狭い。道はある地点で終わっている谷である。パナンベは考えました。

「右の広い道をとれば、アシカが追いついて、殺すだろう。だが、左の狭い道をとれば、アシカはとても速く走っても、狭い谷の端っこにくれば、動けなくなるだろう。しかも、こちらは小さいから、アシカの肢のあいだから抜けることができて、背後からアシカの頭を殴って殺すこともできる。」

そこで、パナンベは左側の狭い道に沿って走ることにしましたが、アシカはまたたく間に、かれに追いついてきました。アシカはおそろしいほど早く走ってきましたが、狭い谷の端っこで立ちどまってしまった。パナンベは、アシカの肢のあいだから抜けて、背後からアシカの頭を殴りました。そして、アシカの肉と皮を家に持ち帰り、食べたあと、肉と皮を売りました。こうしてパナンベは金持ちになりました。

それからしばらくして、ペナンベはパナンベのところにやって来て、いいました。

「あなたとわたしは、ともに貧しかったが、どうして、あなたは、いまこれほどの金持ちになったのか？」

パナンベはいいました。「わたしのところに来て、食事をするなら、教え

るよ。」

　そこで、一緒にパナンベの家に行きました。家にはかれのお母さんと妻、そして子供たちが、アシカの肉を食べていました。しかし、ペナンベはパナンベがしたことを聞くと、いいました。

　「それは前に聞いたことがあるので、わかっているよ」というと、パナンベのお母さんと妻と子供たちの前にある食器を足で踏みつけ、食べ物をまき散らしました。それから、敷居に小便をして、立ち去っていきました。

　ペナンベは海辺にいき、パナンベとおなじようにアシカを見つけました。かれはアシカに呼びかけました。

　「ああ、アシカさん、ここに来たら、あなたの頭からシラミを取ってあげますよ。」

　そうすると、アシカはかれのところへ、急いで泳いできました。ペナンベは頭からシラミを取るふりをしました。実際には、アシカの肉と脂肪を頭から取ってしまったので、いまや骨しか残っていません。アシカは少し痛みを感じましたが、それは取っているためだとおもいました。そのあいだに、ペナンベが頭から肉を取って、食べ終わりました。アシカは何も知らずに泳いで去っていきました。しかし、そのあと痛みがより激しく感じたので、アシカは前肢を頭にもち上げると、骨しか残っていないことが分かりました。アシカはとても怒り、ペナンベをとらえて殺そうと、急いで海岸に向かって泳ぎました。

　ペナンベは、アシカが自分を追いかけてくるのを見て、山のほうへ向かって、陸地を走りました。しばらく走ったあと、かれは道が分かれているところに着きました。そこに木にとまっている古老のカラスがいて、いいました。

　「右か左か！ 左か右か！ それによって、賢い人であるか愚かである人かがわかる。」

　ペナンベはより簡単に走ることができる、右側にある広い道を選びました。しかし、アシカはかれがおもったよりも速く走り、ペナンベは捕まって食べ尽くされ、死にました。

　ところで、かれがパナンベの忠告を、あのとき聞いていたならば、いまごろはパナンベのように金持ちになれたかもしれません。

（カンナリキが語った説話を思い出して書き留めた。1886 年 6 月）

## 31.　パナンベとペナンベと松前の殿様*

　パナンベは金持ちになることを、ことのほか望んでいました。このため、かれはペニスを、松前の町まで伸ばしました。すると、松前の殿様は、いいました。

　「これは神から送られた棒だ。だから、その棒に衣類をかけて、乾かすのはいいことであろう。」

　そこで、いろいろな衣類と美しい衣服を乾かしました。しばらくして、パナンベは、ペニスを引き戻すと、たくさんの衣類と美しい衣服が付いていました。こうして、かれは、大いに利益を受けて、金持ちになりました。

　そののち、ペナンベが、やってきていいました。

　「パナンベよ、そんなにお金持ちになるには、何をしたらいいのですか？」というと、パナンベは、

　「食べに来たら、あなたに話すよ」といいました。

　それからペナンベは、「これはわたしがやろうとしたことではないか。なんと忌まわしいパナンベだ！ 性格の悪いパナンベだ！ あなたは、わたしより先にした」というと、敷居に小便をして、出て行きました。

　ペナンベは、海岸に行って、海を越えた松前へペニスを伸ばしました。松前の殿様は、

　「これは神が送ってきた棒だ。すべての衣類と美しい衣服を、棒の上で乾かすのはいいことであろう」といいました。

　このようにして、すべての衣類と美しい衣服を持ってくると、神の棒の上に掛けました。

　ペナンベは、すぐに金持ちになりたかったので、ペニスをすぐに引っ込め

ました。神の棒が動いたので、松前の殿様はいいました。

「前にも、このようなことが起こった。神が送ってくれた棒であったので、衣類と美しい衣服を、棒の上で乾かした。すると、泥棒が、神の棒を盗んでいったようだ。そのため、わたしたちはみな貧しくなったことがあった。いまふたたび、わたしたちの衣類と美しい衣服を棒に掛けたが、また泥棒が盗むかもしれないから、すぐに神の棒を切ってしまうのがいい。」

殿様の家来に、「剣を抜いて、この神の棒を切り、すべての衣服と美しい衣類を取り戻せ」といいました。ペナンベのペニスは、それでも半分だけが残っていました。そこで、かれはペニスを引いたが、何も手に入らなかったので、とても貧しくなりました。もしも、ペナンベがパナンベの忠告を聞いていたならば、衣服や衣類、さらに食物をたくさん持つことができたかもしれません。また金持ちになったかもしれません。しかし、かれは忠告に耳を傾けようともしなかったから、こうして貧乏になってしまったのです。

（J・バチェラーが教えてくれた原話を直訳した。1886年6月。また「アイヌの説話」（1887年）にも掲載されているが、猥褻な表現はやわらげてある。）

**原書注**

\*松前のアイヌの発音（マトマイ）。松前は蝦夷の南にある町。そこの領主または大名の居住者は以前、日本の最高権威者であった。

## 32. 海水を飲み干す

河口の首長と河の上流の首長がいました。河口の首長は、とても誠実でなかったので、河の上流の首長に恥をかかせ、何かできないことをやらせて、かれを殺すことを企みました。そこで、かれは河の上流の首長に来るように頼んで、いいました。

「海水は川を上ってくる、魚の本来の棲み処があるかぎり、役に立っているものである。しかし、天候が荒れると、とても破壊的となり、海辺ははげ

しく打たれる。川と乾燥した土地だけしかなければ、川の水を乾して飲めるであろうか。もしも、そうすることができないなら、おまえの財産はすべて没収だ。」

もう一人の意地悪な人が、とても驚いていたが、「わたしが、その挑戦を受け入れよう」といいました。

そこで、かれらが一緒に海辺に行くと、河の上流の首長は茶椀を取り、海水を少しすくい上げ、数滴飲んでいいました。

「海水そのものは、何の害もない。そこに流れ込む川の一部に毒がある。したがい、まずアイヌと日本の両方のすべての河口を閉じて、毒が海へ流れ込むのを止めることができれば、干しあがった海水を飲める、と断言しよう」といいました。

ここで河口の首長は、恥ずかしくなって、自分の過ちを認め、自分が持っている宝物のすべてを競争相手に与えました。

（イシャナシュテが語った説話を思い出して書き留めた。1886年11月18日）

# IV　その他の説話

## 33. 女の島

　むかしむかし、岩内（イワナイ）のアイヌの族長がアシカを捕まえるために、二人の息子を連れて海に出ました。かれらはアシカを銛で突き刺しましたが、アシカは体に銛が刺さったまま、泳ぎ去りました。そのとき、山から強風が吹きはじめたため、男たちは槍に強く結ばれた綱を切りました。かれらの舟は海に浮かんでいました。しばらくして、美しい土地に着きました。そのとき、すばらしい衣服を身にまとった、多くの女性が山から海辺に降りてきていました。そのなかに美しい女性が屋根付きの担い籠に乗っていました。海辺に来た女性は、みな山に戻っていってしまいました。担い籠のある舟だけが、こちらの舟に近づいてきました。舟に乗った女性がいいました。

　「この土地は女だけが住む島です。ここには男が一人も住んでいません。いまは春です。わたしたちの国には、固有の慣習があります。秋まで、あなた方をわたしの家で世話をしましょう。そして冬になると、あなたがたは、わたしたちの夫になります。つぎの春になれば、あなたがたを家に送ります。だから、わたしを家まで運んでくれませんか？」

　こうして、アイヌの族長とその息子たちは、舟にいた女性とともに山にいきました。そうすると、その国はどこも荒れ果てた地のようでありました。しばらくすると、女の首長が家に入ってきました。その家は金色の蚊帳（かや）がある部屋でした。三人の男たちはその蚊帳のなかに置かれ、女の首長は、一人でかれらのために食事を作り与えました。昼になると、多くの女性がやって来て、男たちを見ながら、金色の蚊帳のそばに座っていました。夕暮れになると、かれらは家に帰っていきました。

　しだいに、秋になりました。女の首長がいいました。

「葉が落ちるときがきました。わたしのほかに二人の副首長が、わたしのところにいます。かれらをあなたの二人の息子に授けましょう。あなたはわたしの夫になるのです。」

そういうと、二人の美しい女性が入って来て、二人の息子の手を引いて連れていきました。女の首長は族長とともに、そこに住みました。

春が来ると、族長の妻は、かれに話しました。

「この国の女は、あなたの国の女とは違うのです。草が芽を出しはじめるのと同時に、わたしたちの膣に歯が生え出します。そうすると、夫は一緒にいることはできません。東から吹く風は、わたしたちの夫なのです。東から風が吹くと、わたしたちはみなお尻を風に向け、こうして子供たちを身ごもります。ときどき、わたしたちは男の子供を生むと、男の子供は殺されて捨てられます。それは男はいつも女に嘘をつくようになるからです。こうして、この国には女しかいない土地になったのです。女の土地と呼ばれるゆえんです。」

「ところで、悪い神があなたがたを連れて、わたしの土地に来たときは夏でありました。わたしの膣には、歯が生えていました。わたしはあなたと結婚はできないのです。しかし、その歯が抜けたときに、あなたと結婚できるのです。いま、ふたたび春が来ましたので、膣には歯が生え出てきます。わたしたちはもう一緒に寝ることはできません。明日、あなたがたを家にお送りしましょう。その準備をするように、いま息子さんたちも、ここに来るようにいってください。」

息子たちがやって来ました。女の首長の顔には涙が流れ落ちています。彼女はこう話しました。

「危険ですが、今夜はわたしたちの最後の夜となります。さあ、ともに寝ることにしましょう！」

脅えていた男たちは、胸のうちに、魔除けの立派な鞘を入れて、女と横になりました。鞘には女の歯の跡が残っていました。翌日になると、男は二人の息子とともに、舟に乗って出かけました。女の首長は涙を流し、こういい

ました。

「良い風が、わたしの国から吹いています。船に乗って、まっすぐに進めば、岩内の国に着くことができます。」

　それから、男たちは船に乗り込み、海に出ました。こころよい追い風が山から吹き、帆を張って進むと、しばらくたってから、かれらは故郷の土地を目にしました。岩内の山が見え、さらに舟を進めて、岩内の海辺に着きました。そこには、かれらの妻たちが、未亡人になったのを表す頭巾をかぶっていました。夫たちは妻たちを抱きしめました。それから、夫が話す女の土地について耳を傾けて聞きました。村人はみな、族長があの女に備えて持っていたという立派な鞘当を眺めていました。

（ペンリが語った説話を直訳した。1886 年 7 月 17 日）

## 34. 魚の神のサケを礼拝する

　あるアイヌの男が、魚を生け捕るために、舟に乗って海に出かけました。海にいると、大きな風が吹いたため、舟は六日間も漂流しました。もう少しで死にそうになったとき、土地が見えました。波によって、海辺に運ばれたので、静かに足を下ろしました。そこには美しい小川があり、このほとりをしばらく歩くと、人で混雑しているところを見つけました。そこに近づくと、たくさんの男や女がいました。それから首長が住む家に入りました。神のような顔立ちをした老人がいました。

　その老人は、「わたしたちと一緒に、今日は一晩、ここにいなさい。明日になれば、あなたの国に送りましょう。どうですか？」といいました。

　そういうので、男は老人の首長と一晩を過ごしました。翌日になると、老人の首長はいいました。

「わが国の人々は、あなたの国と交易するために、行きたがる人がいます。かれらが舟に乗って、一緒にあなたを連れて行きます。かれらに導かれるならば、家に戻ることができるでしょう。かれらと一緒に、舟でいくときは、

あなたは横になっていればいいのです。少しも気にしないでいいが、ただ頭
を完全に隠してください。そうすれば戻ることができます。しかし、少しで
も頭を上げると、わたしの国の人は怒ります。いいですか、けっして見ない
ように気をつけてください。」

さて、舟の一団が集まっていました。それらの舟には多くの人が乗ってい
ました。小さな舟がおよそ百艘もありました。それから舟の一団は出発しま
した。アイヌの男は舟のなかで横たわったまま、頭を隠していました。舟に
乗った人たちは心地よい歌をうたい、音楽を奏でていました。男はこの音楽
が、とても気に入りました。

しばらくすると、ある土地に近づきました。かれらが到着すると、アイヌ
の男はまわりを少し覗いてみました。そこには川がみえました。そこで、か
れらは川の河口から柄杓で水をすくい上げて、それをすすっているのが見
えました。みんなは、「この水はなんとおいしいのだろう！」とお互いに、
いいあっています。

舟の一団の半分が川を上っていました。アイヌの男が乗った舟は航海をさ
らに続けて、ついに男が生まれた故郷に到着しました。そのとき、舟乗りた
ちは男を川に投げ込みました。

男は目を覚ますと、夢を見ていたかとおもいました。しばらくして、男は
われにかえると、舟とその舟乗りの姿は消えてしまい、どこに行ったのかわ
かりません。

ところで、かれは家に帰ってから、疲れていたのかぐっすりと眠ってしま
いました。すると、ある夢を見ました。その夢のなかでは、同じ老人の首長
が、かれのところに現れました。

「わしは人間ではないのだよ。サケの長で魚の神です。汝が波のなかで、
死ぬ危険にさらされているようだったので、わしのところに引き寄せて、汝
の命を救ったのだよ。汝は一晩だけ、わしと一緒にいたとおもっているが、
じつはその一晩は、まる一年であった。その一晩が過ぎたので、汝を生まれ
た故郷に送り届けた。そこで、わしに米酒をささげ、敬意を払って神像をこ

しらえ、『サケの長である魚の神に、献酒を捧げます』という言葉をいって、これからも礼拝してくれると、本当にありがたい。だが、もしもわしを礼拝してくれないと、汝は貧しい人になってしまう。このことをよく忘れないようにしなさい」という言葉を、神である老人が夢のなかで語りました。

（イシャナシュテが語った説話を直訳した。1886 年 7 月 17 日）

## 35. 黄泉（よみ）の国を訪ねた狩人

　たくましく、勇敢な若い男がいました。かれは獲物の狩りが、とても上手でした。ある日、山の奥に入り込んで、大きなクマをみつけ、追いかけました。クマはどんどん走り続け、それでも、若い男は、とても危険で、高い絶壁のところまで、クマを追いかけましたが、毒矢でクマを仕留めるほど、近づくことができませんでした。ついに、荒涼とした山頂で、クマは地面の穴に落ちて、姿を消してしまいました。

　若い男は、穴の中まで追いかけると、そこは大きい洞窟のなかであることに気づきました。光の輝きが、はるか遠くの端にみえました。これに向かって、かれは手探りで道を進みました。その洞窟を抜け出ると、かれは別の世界にいることがわかりました。そこにあるものをみると、男が住んでいる世界と同じであったが、とても美しいところでした。たくさんの木が繁り、たくさんの家が建っていて、村があり、多くの人がいました。

　しかし、若い男は、これらのことには、まったく関心も持ちませんでした。かれが追い求めて、姿を消してしまったクマのことが、気になってしかたありません。そこで、よい計画を案じました。それは、この新しい世界の地下にある、遠い山々で、クマを探すことがいいと考えたのです。早速でかけることにしました。かれは谷のなかを追い求めたので、お腹がすきました。あたりの木には、ブドウの実や桑の実がぶらさがっているので、それらの実を摘み取り、歩きながら食べました。

　ふと、かれは自分の体をたまたま見下ろしました。そうすると、自分がへ

ビになっていることに気づきました。それを知って、なんとおぞましいことではないかとおもいました。かれは大きな声で叫んで、うめき声をあげたのですが、ヘビが口から出す、シューという音だけがしていました。

　かれは、これからどうしたらいいのかとおもいました。それは自分の住む世界に、ヘビの姿になって戻れば、人間はヘビをとても嫌っているので、間違いなく殺されて、死ぬだろう。しかし、かれの心には、なにもいい考えが浮かびませんでした。そうしているうちに、かれは人間世界へ通じる、洞窟の入り口にもどっていました。どこをさまよったのか、いやむしろ、這いながら、大地をすべってきたのか、わからなかったが、人間世界にもどれたので、うれしくなりました。そこには大きく、高い松の木がありましたので、そのふもとで少し眠ることにしました。

　それから、かれは夢をみました。そのなかで、かれのまえに、松の木の女神があらわれて、いいました。

　「このような状態のあなたを見るのは、とても残念です。なぜ、黄泉の国で毒がある果物を食べてしまったのですか？　あなたがちゃんとした人間の姿に戻るのには、この松の木の頂きに登り、そこから身を投げることです。そうすれば、ふたたび人間になることができるでしょう。」

　このような夢から、目を覚ますと、若い男、いやヘビは、いまも自分がヘビであったけれども、なかば希望を持ち、またなかば恐怖でいっぱいであっても、女神の忠告にしたがうことにしました。

　そこで、背の高い松の木に這い上がって登り、その枝の一番高いところに辿り着きました。少しためらい、そこから勢いよく身を地面に投げました。すると、かれは、少し意識を失っていましたが、自分が人間の姿にもどって、木の根もとにいることに気づきました。近くをみわたすと、巨大なヘビの抜け殻がありました。かれはそれから這いだしてきたのか、大きく開いて引き裂かれたところがありました。

　そこで、松の木の女神に感謝を込めて、松の木を神として敬意を払うために、神像を作りました。それから、かれは黄泉の国の長くて暗い洞窟をあと

にして、いそいで来た道をあと戻りしました。しばらく歩いていると、人間の世界が見えました。気がついてみると、山の頂上にいて、ふたたび見たことのないクマを追いかけているところでした。

　家に着くと、不思議な体験をしたことから、とても疲れ、ぐっすり寝てしまいました。すると、ふたたび夢を見ました。かれの前にあらわれたのは、おなじ松の木の女神が立っていました。

　「黄泉の国のブドウの実や桑の実を一度、食べると、人間の世界には長くいることができないのです。このことを、汝に伝えにきました。黄泉の国の女神は、あなたとの結婚を望んでいます。その女神はクマの姿になって、汝を洞窟に誘い込み、地下世界へと誘ったのです。汝は、この人間の世界から離れることを決めなくてはなりません」といって、離れていきました。

　そのとき、若い男は夢から目を覚ましました。しかし、そのとき、かれは重い病にかかって、生命力も弱くなっていた。数日後になると、かれは黄泉の国へ、ふたたび行って、現実の世界へ二度と戻ることはありませんでした。

　　　　（イシャナシュテが語った説話を思い出して書き留めた。1886 年 7 月 22 日）

## 36. 好奇心が強い男と黄泉(よみ)の国

　いまから三世代前、地下世界が存在することについて語る話が、本当であるかどうかを調べたいと、ある男がおもいました。ある日、かれは沙流川(サル)の河口にある、波によってできた、大きな洞窟に入っていきました。その洞窟はとても暗かった。歩き進めていくと、かすかな光が前方に見えるようになりました。その男は、さらに歩き続けると、まもなく黄泉の国があらわれた。そこには木、村、川、海があり、そして魚や海藻を積んだ大きな古い舟がありました。

　毎日、見ている世界と同じように、人々のなかにはアイヌの人や日本の人もいました。そのなかには自分が知っている人もいました。しかし、かれらを見ているのですが、不思議なことに、かれらには、こちらが見えないよう

でした。どうもイヌをのぞいて、すべての人には、こちらが見えませんでした。イヌは特別な霊をもっていたので、すべてを見ることができるのです。黄泉の国にいるイヌはかれにむかって、激しく吠えました。そうすると、その場所にいた人々は、悪い霊がかれらのところにやってきたとおもって、悪い霊が食べるような、汚れた食べ物をかれがいるとおもわれるところに投げてきました。汚れた食べ物は、悪い霊をなだめるものだと、かれらはおもっていました。いうまでもなく、かれはうんざりするほど、腐った魚の骨や汚れた米を投げつけられました。しかも汚いものはかれが着ている衣服に浸み込み、いやなにおいがして、苦しくて耐えられませんでした。この場からいそいで去りました。

　しばらく歩いていると、海辺にでました。そこには立派そうにみえる家がありました。その家に入ると、父親と母親を見つけました。かれらは亡くなったときの老人の姿ではなく、若くて力強く、活発に働いているときの姿でした。母親に声をかけると、慄（おのの）いて逃げていきました。こんどは父親を手でしっかりと握りしめて、いいました。

　「お父さん！　わたしがわかりますよね？　わたしをみることができませんか？　あなたの息子ですよ。」

　しかし、父親は地面に向かって叫んで、倒れました。それから父親は立ち上がると、家にいる、ほかの人々とともに、神像にむかって、悪い霊を追い払う祈りをはじめました。

　自分が認められないことに男が絶望しました。かれらは悪い霊を追い払おうとしたにもかかわらず、かれの体には、いまもいやなにおいがついているようで、かれに供物を捧げようとするのです。ついに、黄泉の国を去ることに決めました。

　ふたたび洞窟を通り抜けて、人間が住む世界に戻りました。そうすると、はじめて男のからだから汚れたにおいがとれました。家に戻った男は、もう二度と黄泉の国を訪れたいとはおもいませんでした。それは黄泉の国は汚れた土地であるからです。

（イシャナシュテが語った説話を思い出して書き留めた。1886 年 7 月 22 日）

## 37. 神の子

　とても美しい女性がいました。しかし、いまだに夫はみつかりませんでした。すでに、ある男が彼女の夫になるのが、決まっていましたが、かれはまだ彼女と床をともにしていませんでした。それにもかかわらず、その女性は、突然に赤子を身ごもりました。このことは、彼女がいちばん驚きました。ほかの人は、「彼女はおそらく、ほかの男と寝たので、赤子を身ごもるようになったらしい」と考えていました。

　彼女の夫になるはずであった男は、とても怒りました。彼女はどこで赤子を身ごもったのかわかりませんでした。それから、彼女は赤子を生みました。しかし、その赤子は小さなヘビでした。彼女はとても恥ずかしくなりました。彼女の母親は、その小さなヘビを連れて外に出ると、涙を流して、このようなことを話しました。

　「わたしの娘が、子供を生むとは、神さまは何のつもりなのであろうか。子供を生むべきだというが、人間の子供が生まれるのであったら、とにもかくにもよいであろうが、この小さなヘビを生んでしまった。わたしたち人間は、ヘビなどを養うことはできない。でも、ヘビを生んだということは、神の子であるのだから、このヘビを養うべきだということなのであろう。」

　このようにいって、母親はこのヘビを捨ててしまいました。そののち、その女性はヘビを生んでから、いろいろおもいだしていました。自分が眠っているときに、屋根の開口部から太陽の光が射し込み、彼女を照らしたときがありました。おそらく、そのときに子供を身ごもったとおもいました。

　あるとき、彼女は夢をみました。その夢で、このようにいわれました。

　「神である、わたしは、あなたに子供を授けたのです。それはあなたを愛しているからです。あなたが死ぬと、いつわりなく、わたしの妻になります。あなたとわたしの息子が結婚すると、たくさんの子供を授かります。」

このような夢をみた女性は、神に礼拝しました。

ある日、赤子の泣き声がしたので、母親が外に出てみると、そこには丈夫な赤子がいました。母親は赤子を家に入れました。赤子を生んだ女性は涙を流して喜びました。赤子が男の子であるのがわかり、大事に育てました。しだいに、その子は大きくなり、大人になると、とても立派な男になりました。かれはシカやクマの狩りをたくさんしました。そののち、息子はクマに追いかけられたときでも捕まらないほど、強靭な体力をもち、かれはすばらしい狩人となり、とても裕福な人になりました。

女性は、そののち死にましたが、人間の夫を持つことがありませんでした。彼女の息子が妻を娶ると、子供を授かり、裕福になりました。かれの子孫は今日まで生きています。

（ペンリが語った説話を直訳した。1886年7月21日）

## 38.　夢を買う

人がとても密集している村は、六人の首長が統治し、その年長がほかの五人を統率していました。ある日、かれはごちそうを作り、米酒を醸し、五人の首長を招待して宴を開きました。かれらが帰るとき、

「明日、みんなは今夜みた夢を、わたしにいわなければならない。それがすばらしい夢なら、その夢を買うことにしよう」といいました。

そして、翌日、四人の首長がやって来て、自分たちの夢を語りました。しかし、どの夢もよくなく、買う価値がありませんでした。ところで、五人目の首長は来ませんでした。最初は待っていましたが、それから何度も使いをだし、やっと力ずくで連れてきましたが、かれはけっして口を開こうとはしませんでした。年長の首長は突然に怒りだし、自分の家の戸口前に穴を掘らせ、その男を顎のところまで埋め、昼も夜もずっと、そこに置き去りにしました。

年長の首長は、とても性格が悪い人でしたが、一方、若い首長は性格がと

ても良い人でした。じつはこの若い首長は、自分がみた夢を忘れてしまった
ので、どうしても夢を語ることはできなかったのです。暗くなると、秘密の
神がやってきて、いいました。

　「あなたは善良な人です。気の毒に思うので、穴から連れ出しましょう。」

　連れ出されたとき、夢のことを思い出しました。それは森のなかを通る小
川の岸から、美しく微笑む女神の家に連れて行かれた。その部屋は動物の皮
が敷かれていた。女神に慰められ、たくさんのご馳走をされ、いつも迎えら
れた。しかし、家にもどると、かれは性格が悪い長老の首長に陥れられて、
殺される指示を受けました。

　「あなたは、いま夢を思い出しましたね」と秘密の神はいいました。

　そして、「夢を忘れさせたのは、わたしです。意地悪な長老の首長が、こ
の夢を買うことから救ったのです。それは、あなたが夢を秘密にして、清ら
かな心のままで、そのことを裏切らなかったのをとても嬉しくおもいます。
いま、あなたに夢だけでなく、夢が現実であることを見せましょう。」

　男は森のなかを抜けて、女神の家がある小川のほとりを探しました。その
家が見つかると、そこには美しい女神が微笑んでいました。部屋のなかをみ
ると、夢に見たように動物の皮が敷かれていました。彼女はじつはアナグマ
の女神でした。女神はかれを迎えて、十分な食事をさせました。

　「長老の首長を陥れなければいけない。戸口の側柱の神は、近くに埋める
ことを喜んでいます。そこで、首長を外に連れ出して、このような美しい服
を与えることを神が望んでます」と女神がいいました。

　男は村に戻りました。長老の首長の家に、すばらしい衣類を着て現れると、
首長はお前は罰として、いまも穴のなかにいるはずだといいました。しかし、
この男に夢を語らせてから、かれを殺せば、夢がおもい通りに手に入るであ
ろうとおもったのでした。

　善良な若い首長は、アナグマの女神が指示したとおりの嘘の話をしました。
そうすると、長老の首長は、自分もおなじように、首まで土のなかに埋めて
もらいたいといいました。その通りに土に埋めると、長老はまもなく死ん

しまった。そののち、アナグマの女神が村に降りてきて、善良な男と結婚し、すべての首長の長になりました。

　　　（イシャナシュテが語った説話を思い出して書き留めた。1886 年 11 月 16 日）

## 39. 葛籠のなかの赤子

　むかし、夫にやさしく、愛されていた女性がいました。やがて数年後に、彼女は男の子を生みました。それから、夫はこの息子を妻よりも、さらに愛しました。

　「夫はわたしを一人で愛していたときは、どれほど楽しかったものか。だが、いまこの厄介な子供を生んだため、夫は私よりも息子を愛している。そんなことだから、息子をどこかに連れ出すのがいいだろう」と彼女はおもいました。

　そののち、妻は夫が山にクマ狩りに出かけるまで待っていました。夫が出かけると、赤子を葛籠に入れて、川に持って行き、流してしまいました。家に帰ると、しばらくして夫が戻ってきました。そこで、妻は涙を流したふりをして、「赤子がいなくなった」と夫に話しました。「誰かに盗まれたか、それとも迷子になったか」とおもい、夫は家の周りや森のなかを一生懸命にさがしましたが、無駄でした。

　それから、夫は深く悲しみ、死んだように床に臥してしまい、どんな食べ物をも受けつけなくなりました。やがて、夫は妻も食べ物をとらないのを見て、妻への愛情の気持ちから、妻も飢えて死ぬかもしれないと恐れると、妻は少し食べ始めるようになりました。しかし、妻が食べ物をとらなかったのは、夫がいるときだけで、ひそかに、妻はおもうぞんぶんに、食べ物を食べていました。

　ある日、夫に自分の気持ちを気づかせるために妻は考えました。妻は夫に「ほら、聞いてくださいよ！　ある話をして、あなたの気持ちを慰めたいのです」といいました。

　実際に子供を川に流してしまったのは妻であるが、妻は話を語って夫に妄想を抱かせました。そうすると、夫は妻がやったことと確信すると、妻に向かって怒りだし、棒を手にして、ついに妻を殴って、殺してしまいました。それから、妻の死体を外に放り投げてしまいました。このようなありさまを見て、あまりにもひどい妻を神は罰することに決めました。

　それから、夫は赤子を探し求めはじめました。川の下流に流れていったに違いないとおもい、出発しました。長いあいだ探し求めていると、うらさびれた家にやって来ました。そこには、とても敬うのにふさわしい老人と老女、そして中年の娘と男の子がいました。かれは老人に向かって、

　「あなたがたは、わたしの小さな息子を知っていますか。その子は葛籠に入れられて、下流に流されたのです」と聞きました。

　すると、その老人はこたえました。

　「ある日、わたしの娘が川に水を汲みに行くと、葛籠を見つけました。そのなかに小さな男の子が入っていました。わたしたちは、その子供が人間であるのか、神であるのか、または悪魔であるのかはわかりませんでした。いまの話を聞くと、間違いなく、この子供はあなたの息子でしょう。わたしたちのところに、その葛籠があります。その葛籠をみれば分かりますよ。」

　それは家にあった葛籠と同じものでした。この子が自分の男の子であることが知れました。そこで、父親は大いに喜びました。そうすると、老人はいいました。

　「ここにしばらく滞在してください。わたしの娘を妻にするならば、この子供を与えましょう。わたしと老いた妻が生きているかぎり、一緒に住んでください。わたしたちを養って、財産を受け継いでほしいのです。」

　男はその通りにしました。それから数年過ぎて老夫婦がなくなりました。男はかれらの所有物をすべて受け継ぎました。そして、新たな妻と愛する息子とともに、自分の村に帰りました。

　このようにアイヌのなかにも 邪 な女がいることがわかります。

　　　　　　　　（イシャナシュテが語った説話を思い出して書いた。1886 年 11 月 17 日）

## 40. 魅せられた花嫁

　むかし、とても美しい少女がいましたので、多くの求婚者がいました。ところが、彼女が結婚すると、夫が彼女のそばに横になり、彼女の膣に向かって、手を差し伸ばしました。すると、そこから声が出て、思いとどまるように警告するのでした。このことで、夫は驚いて、逃げ出しました。このことが九回か十回ほど起こると、ついに彼女は絶望しました。それから、いまは彼女と結婚しようとする人は、だれもいなくなったので、年老いた父親は恥ずかしくなりました。そこで、父親は彼女を川に落しましたが、死ぬことはありませんでした。ついに、彼女は悲しみのあまり、山に逃げ込み、モクレンの木の根もとで、死のうとしました。

　少しためらっているうちに、眠ってしまいました。そこで彼女はある夢を見ました。モクレンの木は家の側にあり、その家の窓から美しい女神が顔を出して、いいました。

　「起こったことは、けっしてあなたの過ちではありません。あなたが美しいために、邪なキツネが、あなたに恋をしたのです。あなたの膣に手を伸ばすと、そのキツネが声を出すのです。それは、死ぬべき運命である夫が、近づかないようにするためです。そこで、あなたをここに誘い出し、一緒に連れ去ったのもキツネなのです。キツネの誘いにのるといいでしょう。あなたに美しい衣服を与えます。そして家には無事にたどり着きましたら、お父さんには、わたしのことについて、すべてかならず話してください。」

　彼女は目を覚ますと、美しい衣服を着て、家に帰りました。女神の話を聞いた父親は、キツネの霊を追い払うために、娘に似た肖像を彫り、うやうやしく礼拝をして、キツネに捧げました。そうしたのち、娘は結婚することができ、子どもを生み、一生幸せに過ごしました。

（イシャナシュテによって語られた説話を思い出して書き留めた。1886年11月17日）

## 41. 邪な継母

　むかし、男が数人の妻を持つことが、許されていたときです。ある男は二人の妻を持ち、一人は自分の年ぐらいの妻であり、もう一人はかなり若い妻でした。男は二人を同じように、やさしく愛していました。しかし、二人のうち、若い妻が娘を生むと、男は娘を溺愛し、同じ年の妻よりも、子供の母親に愛をささげるようになりました。同じ年の妻はとても怒りました。

　あるとき、彼女は心の中で、どうすべきかをいろいろと考えました。そして、重い病になって、食べることができないふりをすることにしました。しかし、誰かが背を向けているときには、しっかりと食べていました。やがて、自分が死ぬという間際になるふりをすると、自分の病を直すことができることは、一つあるといいました。それは継子の小さな心臓を食べることだといいました。

　これを聞いて、男はとても悲しくなり、どうしたらいいのか分からなくなりました。同じ年の妻を愛していて、また小さな娘を同じように愛していたからです。そこで、同じ年の妻に子供をつくろうとおもいました。

　そうしていると、同じ年の妻は、若い母親が見ていないあいだに、召使いの二人に娘を森に連れて行き、そこで殺して、娘の心臓を持ち帰るように命じました。召使いたちは娘を森へ連れて行きました。ところが、慈悲深い召使いは、娘を殺すことはせず、その道を通りかかったイヌを殺しました。娘はひそかに、母親のところに戻しました。

　若い母親は恐ろしい策略を聞いて、ひどく驚き、娘と一緒に逃げることにしました。そのあいだに、イヌの心臓が、義理の母のところに届けられました。その光景を見て、たいそう喜びました。ところが、急に心臓を食べる気はなくなったといい、元気になりました。

　このあと、同じ年の妻は夫と二人だけで、暮らしましたが、夫は出来事のことを聞かされると、とても不機嫌になり、意気消沈しました。この様子を

見て、彼女は元気に満ちた夫になることを願いました。ところが、ある日、夫が狩りに出かけているあいだに、黒い服を着飾った若い男が、どこからかやってきて、彼女に求愛をしました。彼女はこの男と恋をもてあそび、かれに自分の乳房を見せました。それから一緒に逃げてしまいました。

　かれらは森のなかにある美しい家を見つけ、黄金の寝床で一緒に寝ました。ところが、彼女は朝になって、目を覚ますと、その美しい家は消えていて、森の葉っぱや木の枝を集めたなかにいるのに気づきました。さらに驚いたのは、新しい夫とおもった男は、高い枝の上に止まっているハシボソガラスであったのです。そして、彼女のからだもカラスになっていて、糞を食べていました。

　一人になった前の夫が夢をみました。そのなかで、若い妻と娘を取り戻すことができるといわれました。それから夢のとおりに、若い妻と娘が戻り、その後は三人で一生、幸せな暮らしをしました。そのときいらい、男性が一人以上の妻を持つという悪い慣習がなくなりました。

　　　（イシャナシュテによって語られた説話を思い出して書き留めた。1886 年 11 月）

## 42. 人を騙すのがうまい子

　昔、いたずら好きな子がいました。薪を取りに山に行きました。かれは自分一人で楽しむ遊びしか知らなかったため、繁った松の木の頂上に登るだけの遊びをしていました。むしゃむしゃとご飯を食べると、木の枝にご飯をくっつけ、鳥の糞に見えるようにしました。かれが村に戻ると、首長の家に行って、こんなことをいいました。

　「美しいクジャクの巣がある場所を見つけましたよ。一緒にそこへ行きましょう！　自分はこのようにとても貧しいから、まして神のようなクジャクに近づくのには、ふさわしくないとおもいます。でも、あなたは金持ちであるので、クジャクを取ることができます。あなたにとってすばらしい宝物になるでしょう。行きましょう！」

　首長はかれと一緒に、そこに行きました。首長が木の枝を見ると、たしか
に、背の高い松の木の頂き付近に、鳥の糞の痕跡がたくさんありました。首
長はクジャクが、そこにいたとおもいました。

　「わたしは木を登る方法がわからない。おまえは貧しい子だが、その方法
を知っている。だから木に登って、クジャクを手に入れてくれれば、お前に
十分な褒美をあげよう。木に登って、神のようなクジャクを手に入れておく
れ！」

　貧しい子は、木に登りました。かれは半分ほど木に登ると、

　「ああ！旦那さま、あなたの家が、いま燃えていますよ」といいました。

　首長はとてもびっくりし、あまりにも恐ろしくなったので、急いで家に帰
ろうとしました。そうすると、このいたずら好きな子は、こんなことをいい
ました。

　「いまごろはもう、あなたの家はすっかり焼けてしまっていますよ。だか
ら、あなたが家へ走っていっても、無駄ですよ。」

　金持ちの首長は自分が死ぬことがあっても、とにかく家までは行こうとお
もいました。そこで、山のほうへ向かっていきました。近道をして、「焼け
焦げた家であっても、行ってみるべきだ」と考えました。

　家について、家を見ると、自分の家はまったく燃えていなかった。これを
知って、かれはたいへん怒り、あのいたずら好きな子を殺そうとおもいまし
た。そうしていると、いたずら好きな子がやってきました。

　「お前というやつはなんというやつだ！この子は貧しいばかりか、とても
ふるまいが悪く、人を騙してばかりいる。こいつを筵（むしろ）のなかに入れ、生き
たままにして、巻いておけ。それから、こいつを川に投げこんでしまえ。す
ぐにしろ！」と首長は召使いに命じました。

　召使いは、この子を筵のなかに入れ、きつくまわりを締めて、紐で結びま
した。二人はこの筵を棒で担いで、川岸へと運びました。かれらが川に着く
と、いたずら好きな子がいいました。

　「おれはとても悪い人間だが、それでも貴重な宝物をいくつかもっている。

だから、それらを取りに行ってくれないか。そうすれば、それらをお前たちにあげよう。それから、おれを川に投げればいい。」

これを聞いた二人の召使いは、宝物だといわれたので、この子供の家に行ってみました。

そうしているあいだに、目がみえない老人が、どこかからやって来ました。なにか足にぶつかりました。触ってみると、筵でした。これに驚いた老人は、棒でたたきました。そうすると、いたずらっ子は、

「目が見えない人よ！　わたしがいうようにするならば、神があなたに目を与えますよ。そうすれば、あなたは見ることができるようになりますよ。そうしたほうがいいとおもいませんか。あなたはこの筵を結んだ紐をほどいて、わたしがいうようにすれば、わたしが神にお祈りをしましょう。そうしたら、目が開きますよ」といった。

老人はとてもうれしくなり、筵の紐をほどき、その子供を外に出しました。すると、この年老いた人は、目が見えないのに、たいそう立派な服を着ていました。いたずらっ子は

「服を脱いで、裸になりなさい。そうすれば、すぐに目が開きますよ」といいました。

こういわれたので、老人は服を脱ぎました。いたずらっ子は、この老人を裸にして、筵のなかに入れ、筵の周りをきつく結びました。それから、服をもち去り、木の陰に隠れていました。そこに二人の召使いが戻ってきました。

「おまえはいたずらをするのが好きなやつだ！　本当に人をだますやつだな。お前の家などには、一つも宝物などはなかったではないか。悪いたくらみばかりしている。さあ、お前を川に放り込んでしまおう」というと、目の見えない老人は、

「わたしは目のみえない老人ですよ、あのいたずらの子ではない。どうか殺さないでください！」といいましたが、二人は老人を川に放り込んでしまいました。二人の召使いは、主人の家に帰りました。

そののち、いたずら好きな子は、老人の美しい服を着て、首長の家に行き

ました。

　「わたしは、いたずらが好きであるのは、ほんとうではないのです。じつは、川に住んでいる女神が、わたしに恋をしました。あの川に投げ込まれて、殺されましたが、わたしの心のとりこになり、結婚したいと女神がいいました。わたしがこれまでにした、いたずらはすべて女神がしたのです。わたしはその女神のところに行ったのですが、貧しい男であるので、あなたの夫になるのに値いしないといいました。でも、村の首長ならば、女神と結婚するのにふさわしいはずですといいました。そうですから、首長は結婚する準備をしたほうがいいとおもいます。このことをあなたに伝えに来たのです。この美しい服を着ているのは、女神の国から来たからです。」

　村の首長は、あのいたずら好きな子が、この上ないすばらしい服を着ていたのをみて、真実を話しているとおもいました。

　「わたしを筵に縛って、川に放り投げてほしい。そうすれば、よいことがあるだろう」といいました。

　そこで、首長は筵に包まれたまま、川に放り投げられましたが、溺れて死んでしまいました。そのあと、いたずら好きな子は首長になり、溺れた首長の家に住んだということです。

　このように、とても悪い子は、むかしからいるのです。

　　　　　　（イシャナシュテが語った説話を直訳した。1886 年 7 月 18 日）


## 43. 義経


　アイヌについて、日本の人とヨーロッパの人が書いた書物には、とくにヨーロッパの人は、義経を十二世紀の日本の英雄で、崇拝し信じているとあります。実際は、日本の歴史家ばかりでなく、日本の伝説では、義経は幸運の星のもとに生まれましたが、蝦夷島に逃げたといわれています。義経に関する詳細は、まったく神話という性質を備えています。したがい、この説話集に入れるのは、おそらくふさわしいことであろう。

　義経はアイヌでは、ホンガイサマ Hongai Sama という名前で知られていることは述べなくてはなりません。このサマは「殿」あるいは「主君」を表す日本語です。ホンガイとは日本における義経の官職であった Hōgwan 判官<sup>ほうがん</sup>がアイヌ語に取り入れられたもので、語の順序が並び替わるのは、言語の規則によります。しかし、ホンガイサマという名前は、崇拝するときにだけ使われ、神話を語るなかでは使われていません。アイヌの土地で、宣教師であるバチェラーの意見では、このことは大いに重んじなければならないといいますが、アイヌでは、じつは義経は崇拝されていないと考えています。わたしはアイヌで語られている説話を正しく記録することだけを考えています。


　オキクルミは妻のトゥレシをともなって、アイヌの人に弓と矢での狩猟、魚に網や槍を突き刺すやりかた、そのほかのあらゆる技術を教えていました。そして、かれ自身は、すべてのものは二つの護符と宝物によることを知っていました。一つは文書であり、もう一つは算盤でありました。オキクルミはアイヌの人に、風がどこから吹き、森には何羽の鳥がいるのか、そのほかあらゆることを語ったといわれます。

　ある日、どこからか、神のような容貌をした人がやってきました。その人の名前は、誰にも知られていませんでした。その人はオキクルミと住いをともにし、オキクルミがする労働のすべてを、すぐれた力量を発揮して助けていました。かれはオキクルミに、アイヌの土地で、むかしよくみられた、一本の棹だけで舟を漕ぐやり方ではなく、二本の櫂で漕ぐやり方を教えました。オキクルミは、そのような賢い人をもったことを喜び、トゥレシと共有妻にし、自分の息子のように扱いました。こうしたわけで、見知らぬ人はオキクルミに起こるできごとや、かれが二つの宝物を保管していた場所さえも知るようになりました。

　ある日、オキクルミが山に狩りに出かけると、この見知らぬ人が、これらの宝物とオキクルミが持っていたものをすべて盗み、トゥレシを舟に乗せて逃げました。二人はそれぞれが一本の櫂で漕ぎました。オキクルミは、山か

ら海辺のそばにある家に戻って事情を知ると、舟に乗って一人で追いかけましたが、追いつくことができませんでした。それというのは、かれらは二人で漕いでいて、こちらは一人で漕いでいたからです。

　トゥレシは海のなかで排泄すると、海のなかで大きな山となりました。その山のふもとに、オキクルミは着きました。しかし、その山はとても高かったので、オキクルミは登ることはできませんでした。しかし、じつは山が高いから登れなかっただけでなく、くさくて臭った山であったので、登れなかったのです。そこで、山の反対側にまわりましたが、道はふさがれていました。

　オキクルミは家に戻りました。そうすると、かれの宝物がすべて盗まれていたことを知って、元気がなくなり、悲惨な気持ちになりました。

　こうして、アイヌの人は、それいらい文章を読むことができなくなったのです。

　　　　（イシャナシュテが語った説話を思い出して書き留めた。1886年11月25日）

# V　説話の断片

## 44. 古きよき時代

　むかし、川はとても便利に配置されていました。水は一つの川岸を下って流れると、もう一方の川岸は上って流れます。こうしてまったく問題もなく、どちらかに流れる川を進むことができました。これは魔術が行われていた時代でした。狩りに行く人は、六マイルか七マイルも飛ぶことができ、鳥のように木々の間を飛ぶことができました。人々は回転させて摩擦をしながら火をおこす道具を使っていました。かれらが朝、何かを植えると、それは正午までに成長しました。このようにはやく成長する穀物を食べると、人々はウマになりました。しかし、いまでは世界がみな変わってしまい、よいものはすべてなくなってしまいました。

　　　　　（イシャナシュテが語った説話を思い出して書き留めた。1886 年 11 月）

## 45. 海の老人

　海の老人（Atui koro ekashi）は怪物で、舟やクジラを呑み込むことができました。その姿は袋に似ていて、その口で吸うと、おそろしいほど急激な海流が起こります。かつて、一艘の舟が、この怪獣から救われました。それは、舟に乗った一人か二人の舟乗りが、身に着けていた腰布を怪物が開いた口に投げつけたからです。この怪物でさえ一口では呑み込むのに、厄介であったのです。そうして、舟を呑み込むことをあきらめました。

　　　　　（イシャナシュテが語った説話を思い出して書き留めた。1886 年 7 月）

## 46. カッコウ

　雄のカッコウは、カッコクと呼ばれ、雌はツツと呼ばれていました。どちらも美しい鳥で、空に住んでいました。しかし、春になると、かれらは地上に降りてきて、美しい瓶のかたちを作りました。それは白い巣でした。これらの巣の一つを手に入れた人は幸せになるのですが、誰にも巣を見つけることができませんでした。金持ちになり、豊かになった人は、その巣を見つけたといわれていました。ところが、カッコウが窓枠に明かりを当てて、家のなかをのぞくと、運が悪くなるといいます。それは病がすぐそこにやって来るからです。カッコウが屋根に明かりを点灯すると、その家は燃えて焼け落ちてしまうのです。

（ペンリが語った説話を思い出して書き留めた。1886 年 7 月 16 日）

## 47. 角のあるフクロウ

　六羽のフクロウは兄弟です。長男はスズメより、ほんのちょっとだけ大きいです。木にとまると、フクロウは後向きになって、バランスをとるところから、「逆立ちの鳥」と呼ばれています。末っ子はとても大きな体をし、たくさんの幸せをもたらす鳥です。誰かが、この鳥の下を歩くと、雨がその鳥に落ちる音がします。これはとても幸せなことです。そのような人はとても裕福になるので、六羽の末っ子は「フクロウさま」と呼ばれています。

　ここでいう雨は、フクロウの目から降る豊穣の雨といわれています。

（ペンリが語った説話を直訳した。1886 年 7 月 16 日）

## 48. 空を飛ぶクジャク

　雲一つない空にクジャクが飛んでいます。その召使いはワシです。クジャ

クは空に住んでいて、子を生むためにだけ地上に降りてきます。子を生むと空に向かって、子と一緒に飛んで行きます。

（ペンリ、1886 年 7 月。イシャナシュテによって語られた説話を思い出して書き留めた。1886 年 11 月）

## 49. クマに変身した木

腐った枝や木の根は、ときどきクマになります。パイエップ・カムイといわれるクマは、「神のように歩く生き物」で、人間の手で殺してはいけません。むかしは、クマは多くいたが、いまはときどきにしか見られません。

（ペンリが語った説話を思い出して書き留めた。1886 年 7 月）

## 50. 性を営む時

アイヌの女性は、性を営むとき、わずかしか動かさないのは、とても不吉なことと考えられています。女性がそのようにすると、夫に災いをもたらすからです。夫はかならず、貧しい人になります。そのため女性は、まったく動かないままでいて、夫だけがはげしく体を動かします。

（ペンリが語った説話を思い出して書き留めた。1886 年 7 月）

## 51. 誕生と命名

赤子が誕生する前に、生まれるとすぐに洗われる赤子のために布を準備します*。そして神像が作られ、神々に感謝を捧げます。女性だけが、この行事に参加します。一般には、それぞれの村には助産婦として働く老婆が一人か二人います。

子供はいつでも、名前を付けることができます。イシャナシュテによると、名前をつけるのは、ふつう二カ月後から三カ月後であるといい、ペンリによ

ると、生後二年から三年してから名前を付けるといいます。選ばれる名前は、ふつうは子供に関連する状況にもとづいていますが、ときには意味がわからない名前もあります。しかし、親の名前は決して与えません。それは不運であるといわれるからです。たしかに、父親が死んだとき、子供が親の名前を呼び続け、涙を流さないでいるのはどうでしょうか。

　　　（ペンリとイシャナシュテが語った説話を思い出して書き留めた。1886 年 7 月）

**原書注**

*その人生のなかで、唯一のときのために。

## 52. 樫木（かしのき）、松の木、蓬（ヨモギ）が優れていること

　世界のはじめは、地面がひじょうに熱かった。地面は熱いので、人間と呼ばれる生き物は、足を焼かれることさえありました。このため木や野草は成長できませんでした。そのときに育った野草は蓬だけでした。木のなかでは樫木（かしのき）と松の木だけでした。これら二つの木は、木のなかでもっとも古い木です。野草のなかでは蓬が古いです。これらの二つの木は神の木とされているので、人間が礼拝する木になっています。野草のなかでは蓬は、よく繁殖し、独特の香りがします。若い皆さんも、このことによく耳を傾けるのがよい！

　　　　　　（ペンリが語った説話を直訳した。1886 年 7 月 19 日）

## 53. 黄金の角を持つシカ

　わたしの最初の祖先は、シカを飼っていました。かつて神像にシカの角を結びつけていました。ところで、シカは山に行き、ほかのシカをたくさん連れてきますので、シカが家の外に来ると、祖先は山から連れてきたシカを殺しました。それによって、おおいに裕福になりました。そのシカが飼われていた村の名前は、セタルコットといいます。

　近くの村で祭りがありました。シカを飼っていた男は、仲間とみんなで祭りがおこなわれているところに行きました。男の妻だけがシカとともに家に残りました。ところで、シピチャラ村のトゥヌウォシュは、「二人ほどの高さ」という意味をもつ男ですが、とても心が悪く、シカを盗むために村にやってきました。かれは家にシカと女だけがいるのを見ると、シカと女を盗んで、逃げました。

　そのことを知った夫は怒り、戦うためにあとを追いました。かれは三人の兄弟であったので、三人で一緒に行きました。トゥヌウォシュは近所の者に助けを呼びかけて、大勢の男を集めていました。三人の兄弟はかれと戦いました。長男は六十人ほどの男を殺しましたが、最後に殺されました。二番目の兄は、八十人の男を殺しましたが、やはり最後に殺されました。そして、末の弟はどのようなことになるかを見て、一人で戦い続けることは無駄だとおもい、逃げ去りました。逃げて家に着いてから、近所の人に助けを呼びかけました。また日本人の土地に住む、アイヌの人々にも助けを求め、大勢の人とともにふたたび出かけました。それからトゥヌウォシュと戦い、ついにトゥヌウォシュとその仲間をすべて殺しました。こうして、かれはシカと女を取り戻しました。これがアイヌでの戦争の最後でした。

（イシャナシュテが語った説話を直訳した。1886 年 11 月 8 日）

## 54. 夢

　米酒、川、水泳ぎ、または液体に関連するものの夢を見ると、雨が降ります。たとえば、昨日の晩に米酒を飲んでいた夢を見ると、今日は雨が降るのです。

　肉を食べた夢を見ると病になります。だから、砂糖や赤いものを食べる夢を見るのがいいといわれます。

　人を殺したり、倒したりする夢を見ると幸せになります。一方、殺されたり、倒されたりする夢を見ることは、不幸せになります。

　人が運んでいる重い荷物が軽いと思う夢を見ると幸せになります。その逆の夢は病の兆候になります。

　ほどけない長い綱を巻き取って、結び目がない夢を見ると幸せになり、勝利の兆候になります。

　鳥のように飛んで木にとまる夢を見ると雨が降るか、悪い天候の兆候になります。

　男が狩りをはじめようとして、山のなかで神に出会い、その神に贈り物を与え、敬意を払っている夢を見るととても幸せになります。そうした夢を見たあとは、かならずクマを殺すことができます。

　鋭利な武器で追われている夢を見ると不幸せになります。

　人が傷つき、大量に出血する夢を見ると獲物を追うことができ、良い兆候になります。

　太陽と月の夢を見て、とくに月が欠けていく夢を見ると、おそらく不幸せなことになります。新月の夢を見るのは不幸せになりません。

　壊れる橋の夢を見ると不幸せになります。しかし、安全に橋を渡る夢を見ると幸せになります。

　夫が不在の妻が微笑み、いい身なりをし、また夫と寝ている夢を見ると不幸せになります。

　　　　　　（イシャナシュテが語った説話を思い出して書き留めた。1886 年 11 月）

# 第二部
# アイヌ民間伝承の標本

J・バチェラー

# はじめに

　「アイヌ民間伝承の標本」は、著者が六年近く滞在した期間中にときどき収集したもののごく一部から形成されている。それらはほんの標本である説話にすぎない。ほかにも多くの説話があるかもしれない。しかし、つぎの六つの標本である説話は、この未開な民族がどのようにして伝説、説話、伝統と生き続けてきたかを説明するのに十分であると推測される。

　このような説話が、すべて一般の読者にとって興味深いものであるという主張はしない。それというのは、それらのいくつかはまったくばかげて意味がないといわれるかもしれないからである。それにもかかわらず、これらを読むと、アイヌの語りに興味をもつであろうし、たしかに、言語学的、哲学的、人類学的な観点から研究する価値がある。したがい、アイヌの民間伝承の実例である説話を、民族学者が見逃してはならないことを望んでいる。

　アイヌの説話と伝統のいくつかは散文で唱えられ、またある種の詩の形式で唱えられている。詩である詩句は、単調な音色の歌で朗唱されるが、一方、散文のものは、自然な声の音色で唱えられることが多い。

　それぞれの説話には、固有の名前があり、これは原書注あるいは原書注釈で示した。詩文の場合は、その名前は声の音律、または声の調子のいずれかで示しているようにみえるが、名前は曲や音律というより、むしろモチーフを指しているようである。散文の例については与えられた最後の例を参照してほしい。詩文については上記を参照してほしい。

　これから示す説話や伝統は、左の段にアイヌ語、右の段に英語の翻訳が対応する。詩句や節の分けかたは著者がしたもので、翻訳の問題は自分自身の便宜のため、簡単に参照できるようにした。また、今後アイヌ語を自分で翻訳し、また他の言語と比較する人に役立つことを望んでいる。

　翻訳は可能な限り逐語訳である。しかし正確に対応する英語の単語または語句に照らすことはできない。ある国の説話を他の言語に翻訳するのが、ど

れほど難しいかを知っている人なら、この点に対する私の不安は容易に理解されるであろうし、また、正当に評価されることに寛大であることを望んでいる。話が中断されないようにするために、注釈と説明のほとんどが、それぞれの説話の終わりに記してある。

　それでは説話を読むことにしよう。

# 1　飢饉に関する伝説

## イヌサ・イヌサ（INUSA-INUSA）*

1　窓際[1]に座って、ある種の針仕事などをしていた女性がいた。

2　家の窓に、神酒がいっぱい入った大きな茶椀があり、その上に儀式に使う口鬚上げの棒[2]を浮かせていた。

3　儀式に使う口髭上げ棒が、神酒の茶椀の上で揺れている。[3]

4　物語の話題を最初から説明し、そして最後から話題を展開している。物語は次のように進む。

5　偉大な神とおもいますか、真の神は盲目だったとおもいますか？

6　アイヌの地に大きな飢饉があった。アイヌは食糧が不足して、死にかけていた。だが、かれらは少ない麦芽や少ない黍で、一杯の神酒をつくった。

7　偉大な神は慈悲があり、わたしたちの親族が食べられるために、シカと魚の両方をつくった。

8　偉大な神はわたしたちに慈悲深かったので、わたしたちを見守っていた。じっさい、アイヌの地に飢饉があり、アイヌの人が食べるものがないことがわかった。

9　神酒の茶椀の六つ[4]の漆器[5]が空になった。

10　少しのあいだ、神酒の香りが家全体に満ちていた。

11　神々が家に招かれ、家に神々はいたるところから入ってきた。[6]

12　かれらはみな、その美味しい献酒に、たいへん満足した。

13　川の女神と河口の女神[7]が、家の中でさまざまな踊りを踊った。

14　この踊りをみて、神々はみな顔に微笑みをうかべて笑った。

15　人々は女神をみながら、神がシカから二本の毛を抜くのをみた。

16　二本の毛を山の頂上に吹きつけると、山の頂上で跳びはねる、二頭のシ

カの群れがあらわれた。一頭は雄ジカ、もう一頭は雌ジカである。

17 神々は魚から二つの鱗を摘み取り、それらを川に吹きだすと、川の底は魚でいっぱいになり、石のあいだに卵を産み落とし、川の表面はとても溢れて、魚は家の軒のように際立ち、太陽で干上がった。

18 魚と呼ばれるものが、すべての川にあふれるばかりに満ちた。

19 アイヌの人は釣りにでかけ、舟は川の上で揺れていた。

20 若者たちは、魚とシカ肉がたくさんあるのがわかった。

21 このように、アイヌの土地はとても豊かである。古代から今日まで、狩猟がおこなわれている。狩猟をいまも受け継いでいる。


## 原書注

\*イヌサ・イヌサは、説話が暗誦されるときの曲、あるいは音の調べの名前であるという。


## 原書注釈

二詩節の注釈

1. この窓（プヤヮ）は、つねに小屋の東端にある。それは神聖な窓であり、その所有者から、大きな不満の罰を受けることなく、誰でも窓を見ることはできない。アイヌの人はしばしば窓を通して、太陽が昇るほうに向かって礼拝する。そしてかれらが神酒を飲むとき、三献の米酒がいつも捧げられる。この窓の外には、イナオまたはヌサと呼ばれる削られた柳の棒からなる房がみられる。これらは礼拝者の敬虔さをしめすものとして神への供え物として置かれる。この柳の捧げ物に加えて、狩りでの成功への感謝のしるしとしてクマやシカの頭蓋骨や長い棒の先端が大地に突き刺さっているのをしばしばみる。この窓はひじょうに神聖であり、ある意味では神々の特別な性質であり、神酒を十分に満した茶椀がその前に置かれた理由が容易に理解できる。それは供え物であり、神の好意を懇願するためにそこに置かれる。

2. 儀式に使う口髭上げ棒は特別につくられ、特別な宗教目的に使われている。それらはさまざまな形がある。クマやシカが彫られているものがある。しかし現在のものは、キケウシパスイという削り掛けつき棒酒箸と呼ばれ、それは口髭上げ棒の上に、削りくずが残っている。祈願がある特別の利益のためになされるときに礼拝がおこなわれる。それらに動物が刻まれているものはふつう神に感謝するときに使われ、それに対して、一般的な口髭上げ棒には、特定の彫刻がなく、ふつうの行事に使われる。たとえば何か知らせをするときや友人や親類が連絡するときである。

　これらの口髭上げ棒を使うのは独特である。その存在する理由は第一に神酒から口髭を避けるため、そして第二に神に酒を捧げるためである。三献を火の女神に与え、三献を東の窓に向けてふりかけ、三献をアイヌの宝物を保管している小屋の北東の角にふりかける。三献を捧げて益するためには特別神に捧げるか、あるいはアイヌの人が礼拝をしている対象のものに捧げることをする。

　神酒は主としてアイヌの人の信仰的な礼拝にみられ、かれらはしばしば酔ってしまう口実を信仰のせいにする。おそらくこの飢饉の伝説は神酒を作ることがどれほど大切なことであり、神に酒を捧げることがどれほど神を喜ばせているかを示すために続けられているのではないかとおもわれる。神を一か所に引き寄せるのは神酒の匂いであり、それは女神たちを喜ばせる。かれらを踊らせるのは神酒であり、男の神々を笑顔にするのもまた神酒である。つまり食べ物がアイヌの人に持ち込まれたのは、すべてこの一杯の献酒によるものであり、現在もそれが存続している。口髭上げ棒を茶椀の上に浮かせ、揺らさせるのは神酒なのであった！　アイヌの人にとって茶椀一杯の神酒はなんとすばらしい光景であろうか！　かれらが一杯の神酒を見たときは目を輝かせ、喜びで体は揺れている！　まさにトノト（神酒）という言葉の音を聞いただけでアイヌの人は舌鼓を打つのである。

三詩節の注釈

3. わたしがここで「踊る」と訳したテレケ・テレケという語は、実際は「跳

ぶ」、「跳び回る」、または「ぴょんと跳ぶ」という意味である。ここでは二つの考えを紹介する。最初に茶椀は神酒でいっぱいなので、口髭上げ棒は縁に触れないで揺らすことができた。第二に口髭上げ棒を持つ人はとてもうれしいが、喜びを棒で表現できないため、喜ぶあまり跳ぶ、跳び回り、ぴょんぴょん跳ぶ、あるいはからだを揺らすことになる！　だから神酒はよいもので、人の心を動かすものである。

四詩節の注釈

　これはただアイヌの人の表現であり、この特定の主題は徹底的に説明して、始めなくてはならないという考えである。

五詩節の注釈

　これらの詩行にある考えはつぎのようにおもわれる。アイヌの人はそのような苦境にあったが、それでも神々に対する知識がなかったわけではなかった。だがかれらが特別な楽しみのために窓に置いてある、おいしい神酒が入った大きな茶椀を無視することはできなかった。神を一か所に集めるために神酒はつくられ、そこに置くことで大飢饉を乗り越えようとする。かれらをいい気分にさせ、このような悲しい災害のなかでは神がいたからアイヌの人は助かったのである。そう！　神は盲目ではなかった。

六詩節の注釈

　食物はひじょうに乏しかったが、それでもアイヌの人がもっていた、少ない米や黍を神に捧げた。かれらは供え物としては少ないが、そこから神酒をつくり神に捧げた。このように古代のアイヌの人の敬虔さを見ることができる。その結果が、七詩節の詩句に述べられている。魚とシカ肉がいっぱいになった！　祈る人は神がその祈りを聞いていると答えた。

九詩節の注釈

4. 六という数字はアイヌでは神聖、あるいは完全な数であるようだ。そのため、少量の神酒が、六つの漆器にそれぞれ入れられた。

5. これらの漆器は日本でつくられたものであり、アイヌでは高く評価されている。実際、かれらはそれらを特別な宝物としている。人間として重要

であるかどうかは、所有しているこれらの容器の数および古い剣の数によってはかられた。古代では日本の支配者がかつてこうした容器をアイヌの人に売っていて、魚や動物の皮にいれて十分に神酒で満たしていた。だがこれらのものにはお金は支払われなかった。飲酒の儀式ではもっとも最高の漆器がつくられた。神酒はそれらに注がれ、その後、神酒を飲む茶椀につがれ、手渡しされた。ふしぎなことに女性が儀式に加わり、女性たちにも神酒が手渡されたならば夫の後ろに座って、飲むことは許されるが、女性がお祈りに参加することは決してなかった。しかし女性が献酒を得ることは、実際にはほとんどなかった！ 神酒は女性のためではなく、神と男性のためにつくられたからだ。家のなかで、神酒を捧げる主婦は大きなものではなく、個人として使うために献酒を満たす瓶をつくり、保管することが許可されていた！ 運がいい女性はふつう、この瓶を隠して、愛する夫がこの瓶を盗んで中身を取られないようにしていた！

十一詩節の注釈

6.　わたしがここで「導かれた」と訳した ashke auk という語は、実際は「手で導かれている」を意味している。アイヌの人は手で人を連れて家に入れるという、ひじょうに奇妙な慣習がある。そのように導くのはひじょうに名誉の証しである。はじめは自分がいるのに何もいわないで、アイヌの人の小屋に入ろうとするのはとても無礼なことと見なされている。しかし小屋には戸口がないため、訪問者が小屋に入る前に戸口を叩くことができない。そこでその人は外に立っていて、誰かが出てくるまで咳払いをするか、喉で音を立てて待たなければならない。そして自分で歩いて家に入り、火のそばの座席へ連れて行ってくれるかを頼む。こうしておおいなる敬意を払って神は手で導かれて小屋に入る。

十三詩節の注釈

7.　Petru-ush mat は水源から流出口までを支配している川の女神である。Chiwashekot mat はその河口を統轄している。

# 2　飢饉に関するもう一つの伝説

　年老いたアイヌの人がわたしに歌った、つぎの奇妙な詩句があった。それは神酒を飲みすぎることは危険であり、害悪があると説明したばかりの人に対して、また神酒と削った柳の一片を捧げることより、神を丹精込めて真摯に礼拝することがどれほど大切であるかを示めそうとしてきた人に対しての歌である。

　この伝統の詩をわたしに歌う老人の意図は、わたしがいったことのすべてにもかかわらず、神というものはつぎに示した飢饉のときに神に捧げる供物に満足していただき、敬虔な礼拝をする人が神の前でこれらの儀式を行うことで自分の誠実さを示して、喜んでいるという事実をわたしの心に見せつけたのである。

　この歌と、伝承される説話がまた何と呼ばれようとも、アイヌが宗教やほかの重要な問題について考えていることをお互いに伝える方法にはひじょうに典型的なものがある。その例をここにあげることとする。

## キムタ・ナ（KIMTA　NA）*

1　海に頭を下げたり、上げたりするものがあった。
2　それらが何であるかをたしかめに行くと、ぐっすり眠っている巨大なアシカであるとわかり、それを捕らえて上陸させた。
3　われわれがそのことを考えると、アイヌの地が飢饉になっていたことがわかる。
4　アイヌの人は、この大きなアシカが沙流川の河口の海岸にいたのをみた。
5　アイヌの人は食べることができた（つまり、食べ物を手に入れた）。
6　イナオと酒が神に捧げられた。
7　これらの供物を捧げられた神は喜び、いまも喜んでいる。

## 原書注

*キムタ・ナは、この説話が暗誦されるときの声の調子、または音の名前である。

## 原書注釈

　これらの最初と二番目の詩節はモチーフの紹介文のようなものである。アイヌ民族の遠い祖先は海の波の頂きに浮かぶ大きくて奇妙なものをみたようであると表現し、それらとともに上ったり下りたりした。そこで男は舟を出して、そのものが何であるかを見にいった。かれらはそれが巨大なアシカであると知った。そののち、かれらはその動物を捕まえるかをあれこれと考えて上陸させた。その方法は述べられていない。

　三番目と四番目の詩節は、この大切なときにアイヌの土地は飢饉になっていた。今日ではアイヌの人がこの悲しい災難を振り返ったとき、眠っているアシカはアイヌの人を大きな飢饉によって全滅されることから、神が手を差しのべて、守ってくれているのがたしかであることを教えている。この巨大な海の怪物であるアシカは、沙流川の河口の海岸に漂着したとされている。沙流は忘れてはいけないところであり、蝦夷島の南のアイヌは、この島の主要な地区と見なしている。シシリムカは沙流では最大の川である。

　六番目の詩節と七番目の詩節は、神酒とイナオ、つまり削りくずを付けたままの柳の一片を捧げることが、つねに神への犠牲であることに神はとても喜んでいるので、いまもその儀式をしている。かれらはそのとき、神を喜ばせ、いまも喜ばせていることは、いまもアイヌ民族のあいだで、この儀式が広がっているという事実からわかる。したがい、そのような古代の宗教的な慣習が、廃止されない大きな理由の一つである。こうしてアイヌの人の考えによると、宗教とそれに付随する儀式や儀礼をほかのものに変える理由はまったくないという。これはアイヌの人が知識をもっていないけれども、理性がまったくないわけではなく、また一部の人がわたしたちにおもわせるほど愚

かであり、すぐに導かれないことがわかる。

# 3　巨大なマスに関する伝説

## ピウ・ハム・ピウ（PIU-HAM-PIU）*

1　沙流川の源流に大きな湖がある。

2　この湖には巨大なマスがいて、とても大きかった。一方の端で、鰭（ひれ）をたたき、もう一方の端で、尾を振っていた。

3　偉大なる先祖はこの魚をみつけ、殺しに出かけた。だが、かれらは何日間もそうしようとしたが、自分たちの目的を達成することができないことがわかった。

4　かれらはその魚をとても殺したかったので、アイヌの土地が繁栄するように敬意を払っている、天の神々に助けを送ってくれるように頼んだ。

5　神々は降りきて、かれらは手（爪）で巨大なマスを捕まえようとした。

6　マスは激しく飛び込む力がとても強かったのか湖の底に潜っていった。

7　神はすべての力を発揮し、水面に巨大なマスを引っぱりあげて上陸させた。

8　偉大な先祖はみな剣を抜いて魚を切り刻み、ついに完全に殺すことができた。


　この巨大なマスは湖のほとりに、水を飲みにやって来るシカやクマなどの動物を呑み込むだけでなく、ときには男、女、子供を呑み込むことがあるといわれている。いや、それだけでなく、人をいっぱいに乗せている舟でさえも、呑んでしまうのである！　まさに舟ばかりでなく、すべてのものまでも呑み込むのだ！　そうしたことから、古代の人はこの怪物を殺そうと心から願った。

　アイヌの人は大きな湖にとても恐怖を持っているように見える。ときおり、

こうした巨大な魚の一匹が突然に姿をあらわし、動物や人間を呑み込むという、恐ろしいことをはじめるといっているからである。ほんの数百年前、かれらがいうには、これらの恐ろしい魚の一匹が、シコッ[1]で死んでいるのが発見された。この巨大な魚は大きなシカ、角、その他すべてを呑み込んでいたが、角を消化できなくなって、激しい痛みを起こし、その魚は乗り越えることができず、いや角がとても長かったので、胃から突き出て死んだ。

　蝦夷島で多く起きているすべての地震を追跡すると、この巨大な魚の1匹が起こしたとされている。地上つまりアイヌの土地に関する限り、これらの生き物のうちの1匹の背中にもとづくといわれている。そしてそれが動くときはいつでも当然のことながら、地球はそのような現象を感じ、また動くのである。この地震を起こす魚は、ときどきトクシッシュ Tokushish、つまり「マス」と呼ばれ、ときにはモシッ・イッケウェ・チェップ Moshiri ikkewe chep、すなわち「世界の背骨魚」といわれる。

## 原書注

*ピウ・ハム・ピウは、この説話が暗誦されるときの声の調子、または音の名前である。

## 原書注釈

1. シコッは千歳湖のことで、アイヌの人によれば、海は日本からの大船がかつてそこに錨を下ろし、まさに国境まで押し寄せたということを記録するのはおそらく価値があるかもしれない。さらに現在の湖は、かつてあったほどの半分の大きさもなく、深さもない。アイヌの人の伝承によると、火山の噴火はこの湖で活動する力とされている。シコッはじつはこの湖に流れ込む川の古い名称で、むかしは湖がその名称になった。

# 4　オキクルミとサマイに関する伝説

## ツスナバヌ （TUSUNABANU）*

1　オキクルミ¹とサマイ²がメカジキを銛でしとめた。

2　わたしたちは漁場で、メカジキを待っていた。

3　メカジキがやって来ると、首尾よく大きな魚を銛でしとめた。

4　この時点から、魚は海の一方の端から、もう一方の端まで行き、舟はそれとともに引っ張られた。

5　サマイは力がなくて倒れた。

6　オキクルミはもてる力をすべて出し切ったが、若い男のうなり声で心が動揺した。

7　手のひらと甲には、二つの血まみれの水ぶくれができた。

8　メカジキの表情にみえた気性から、オキクルミはいった。

9　ああ、この憎たらしいメカジキよ、おまえがこんなことをするなら、銛の紐を切ってしまおう。

10　その銛の先は、金属になっているので、鉄が打つ音と骨が胃の中で砕けることで、とても苦しむだろう。

11　綱は大麻でできているので、大麻による織りが、そこから伸びるだろう。

12　縄はニペシからできているので³、ニペシの森はおまえの背後から大きくなるだろう。

13　おまえが死ぬとき、シシリムカ⁴川の河口に投げ込まれるだろう。そこでカラスと多くの種類のイヌが、お前の上に群がり、おまえを汚すであろう。

14　メカジキはそれを理解したというが、話したのはアイヌの人であるので、メカジキは心のなかでは笑い、自分のやりたいほうだいにした。

15　メカジキがはるかに遠いところまで泳ぐ前に、激しい痛みが襲い、その

胃には鉄が打ちつけ、骨を砕く音が聞こえた。

16　麻織とニペㇱとShiuriの森[5]が、体から芽をだし、死にかけた状態で、海岸に漂着した。

17　イヌとカラスはメカジキに群がり、汚した。

18　オキクルミは山から降りてきて、いった。

19　ああ！ なんと憎たらしいメカジキだ。このように罰を受けるのはお前自身の過ちであり、悪いことをしたからだ。

20　下顎は離されて家で使われ、上顎は石で沈められるだろう。そして、とても激しく痛みを伴って死ぬに違いない。

21　アイヌの昔話では、このメカジキを軽んじて扱ってはならない。


　この説話の意図することは、つぎの三つであるようにおもう。

　第一は、義経と弁慶が、かつてアイヌ民族のあいだに住んでいたという事実を子孫に伝え、そして人々に大きな種の魚を捕まえる方法を教えた。ここでの二人は、じつは蝦夷島に来て（そして、かれらがサハリンにも行ったことに関して、ほとんど疑いがないかもしれない）、沙流にしばらく住んでいたことは、ほとんど議論の余地のないようだが、結局、かれらがどうなったのであろうかは、少なくともアイヌの説話で、いままで得られているものから判別することはできない。おそらくそのうちもっと判明するかもしれない。

　この説話の第二の意図は、人々に新参者や見知らぬ人を軽蔑しないことを教えるものだが、むしろかれは何をすることができ、またかれからどんな役にたつことが学べるかであろう。たとえば、説話でいうように、Ru etok oroge chiaiwakte okai ash awa つまり、「わたしたちは漁場でメカジキを待っていた」を知ることにある。アイヌの人は、古代の人が舟に乗って、釣りをはじめる地点に行き、義経と弁慶があらわれるのを待ったと解釈している。しかし、かれらの動機はもっともすばらしい魚がどこで獲れるかを前もって知り、日本の友人よりもよりうまく海辺に戻ることにあった。かれらは自分たちの技術を見せびらかすほど、かれらから学ぶことを望んでいなかった。

魚を一匹も捕まえることができないから、義経はメカジキの王を確保したのだ！

　三番目は、この説話は義経がとても偉大なる力を持っていることをアイヌの人が忘れないことを教えている。弁慶は疲れ、舟のなかに急に倒れ、そして銛の綱は切断しなくてはならなかった。だが義経は征服者であることがわかった。かれは強力な呪文で魚を呪った。木々の森と麻織はそのからだから成長し、その内側には鉄が打ち込まれ、骨が砕かれる音がふたたび鳴り響いていた。それは辛くて痛みを伴う死をもたらし、メカジキは沙流川の河口に投げ込まれ、カラスやイヌに恐ろしく汚された。そうしたことが呪いであり、実際にそうなった。アイヌの地ですべてが実現したという。ここではこのアイヌの説話を軽く扱わないように注意して締めくくっている。

**原書注**
＊ツスナバヌは、この説話が朗唱されるときの曲や声の名前である。

**原書注釈**
1　オキクルミは日本の英雄である九郎判官源義経のアイヌの名前である。かれは十二世紀に兄によって蝦夷島に追放されたが、アイヌの祖先に狩猟と釣りの技術を教えたといわれている。
2　Samai un guru は弁慶をあらわしている。かれは義経の召使いで家臣であり、義経と一緒に、蝦夷島に同行したといわれる。Samai un guru はただ日本の人を意味し、Samai は Samoro の略語で、これは「日本」をいうアイヌ語では、たとえば Samoro Kotan といえば「日本」、Samoro un guru あるいは Samai un guru は「日本の人」である。ここで付け加えたいことは有名な火山の名前である、日本語の富士山（フジヤマ）はおそらく火の女神であるとおもわれる、アイヌでのフチ・カムイ Huchi Kamui という名前の訛りにほかならない。
3　ニペシはアイヌが釣り糸をつくる樹皮のある木の名前である。それは日本

語で、Shina no ki と呼ばれる。

4　シシリムカは，沙流川の名前である。

5　Shiuri は、銘の取っ手がつくられている木材の名前である。蝦夷島に住む日本の人はこの木を Nigaki と呼んでいる。

# 5　恋するオキクルミ

　つぎに述べる、アイヌの乙女に恋をした英雄オキクルミの説話が語られなくなったが、ある老人から四年前に語られた話は、まったくふしぎな話である。この説話のはじまりを聞いて、わたしは素晴らしいことを期待したが、おわりでは何もなく終わっていることに気がついた。

　この説話が朗唱される目的は、若い恋人に愛情の対象を得ることができなくても絶望することなく、またよりよい性の交わりをしたあと、相手をじっと見つめないことを教えている。

　偉大であったオキクルミは深い恋をしたので、たいへんな病になり、愛情はさらに深くなった。かれは食欲も体力も失い、不機嫌になって、絶望のあまり横たわり、ともかく食事さえ口にしなかった。かれは愛で死ぬ覚悟ができていた。このことはすべて美しい女性を一目見ただけで起こった。

　「ああ、どうしてこんなにも感じるのだろう」という。これは若い人も一目見ただけで、同じ気になることがあるので、気を付けてほしいといっている。

　ところが、オキクルミは危険な病の状態から治る。この苦しみの原因となった、愛する女性に小鳥は飛んでいった。小鳥は心に深い愛と、きわめて重大な状況を彼女に、言葉で伝えようとしている。そうすると可愛らしい小鳥がしっぽを振り、もしもオキクルミが死んでしまうと、アイヌの魂もまたどこかへ去っていきますと、女性の耳元でささやきました。そこで、小鳥はアイヌの地のために、このかわいそうなオキクルミを救済するように女性に頼みました。とりなしはうまくいきました。

　こうしたことは現実ではない。実際にあったかどうかわからないが、オキクルミは美しさに悩まされて女性の彫像をつくった。その女性はオキクルミの小屋に連れて行かれ、すぐに筵、家具、装飾品などを準備した。オキクルミは腕の穴、あるいは袖を通して彼女が恥じらっているのをみて、勇気づけ

られた。そして、かれは起き上がり、喜んで、食事をしたので、元気を取り戻し、ふたたび健康になった。このようになったので、その女性は離れようとしたが、そのようにしませんでした。オキクルミはどうするのだろう？まあ、かれは自分が女性にだまされたと考えたのでしょうか。そして「何もすることも、いうこともない」とおもって、ふたたび元気な姿になったのです。

　さて、わたしはこの説話について、さらに説明していこう。

## アヘテンライ（AHETENRAI）*

1　女神は孤独を感じ、家のなかを見つめ、そして家の外側を調べた。

2　彼女は外に出て、じっくり空を見た。

3　雲は浮かんでいて、アイヌの地平線上の美しい段丘で靡（なび）いていた。それを彼女がじっとみていた。

4　家に戻って、針仕事をやりはじめた。

5　ふたたび針の先を見つめ、彼女の視線は目の端にとまった。

6　セキレイと呼ばれる小鳥がやってきて、窓の扉の上に止まり、尾を上下に振り、また左右に振った。

7　二羽の鳴き声に続き三羽の鳴き声が彼女のところにもとどき、耳の内側まで聞こえてきた。彼女が聞いたのは、つぎのようなことでした。

8　アイヌ全土を支配する偉大なオキクルミは、しばらくのあいだ、外に出かけ、あなたに会うと、あなたに恋をしてしまった。

9　二匹の悪い魚と二匹の良い魚が食べたくなかった食事として自分の目の前に置かれました。

10　オキクルミが死んでしまうと、アイヌの地の魂は去ってしまう。

11　セキレイと呼ばれる小鳥が尾を振り、彼女につぎの言葉を話した。「オキクルミが生きることができるように、わたしたちにご慈悲を」といった。

12　世界を見渡すだけでオキクルミは愛の病にかかった。二匹の悪い魚と二

匹の善い魚が、かれの目の前に置かれたが、かれは食べなかった。

13 「ああ、どれほどがっかりしたことか！」

14 女神に似ている女性の像がつくられ、オキクルミに送られた。

15 家はきれいにし、送られた女性の像を本物として置いた。

16 オキクルミは自分の袖を通して、この美しい女性をみた。

17 かれは大いに喜び、起き上がると、食べ物をすこし食べた。そうすると、体力が戻ってきたが、その女性はいなくなった。

18 オキクルミは騙されたとおもったが、何もすることも、いうこともないので、かれは元気になった。

### 原書注
*アヘテンライとは、この説話が朗唱されているときの声の調子である。

### 原書注釈
　一詩節から三詩節は、オキクルミが恋をして、どのように、この美しい女性をはじめて見つけたのかについて紹介を述べている。彼女は小屋に座っていたが、そのときはちょっと寂しく、心も落ち着かないで、どこか疲れを感じていた。彼女の目は、疲れによってか孤独であったのかさまよっていた。彼女は起き上がって、目的もないままに外に出て、地平線をじっと見つめていた。その地平線の壮大さをみて、ひじょうに美しく感じ、雲が台地のような塊で重なり合っていた。彼女は生き返ったと感じて、小屋に戻った。

　四詩節は、この女性が後ずさりして、家に戻ったことを語っている。これは大いに考慮する仕種です。それというのは、女性は小屋、あるいは男性の前から外に出るとき、アイヌの礼儀にしたがうと、つねにゆっくりと後ずさりして、出なければならない。女性は決して男性に背を向けてはいけない！彼女はつねに自分がよりすぐれた人、つまり異性を尊敬しなければならないことを知っていた。彼女は、また髪をなだらかにし、指を上唇に引き寄せ、手で口を覆うようにする。これは女性が挨拶する様式であり、目上の人に対

して敬意を表している。しかし、今回の場合では、この美貌な女性がみた天に描かれた見事な自然の美しさに敬意を払ったので、うやうやしく後ろ向きに歩いて小屋に入った。これは男性が家で一緒に話しているとき、そこにいる女性は、存在しないように努めなくてはならないことを伝えるように注意しているかもしれない。かれらは離れて座り、黙っているか、ささやき声で話さなければならない。ふつう輪になって座り、針仕事をするような手で、何らかの仕事を続け、糸や布を作り、または魚の内臓を取り除いて調理をする。もちろん男性のいいなりになり、仕事に精を出さなければならないので、見たり聞いたりしないことになっている。また、森のなかで、男性にであうときは、女性はつねにより強い男性のために道を譲らなければならず、口を手で覆い、話すことのある時以外は話さないようにする。

　五詩節は、女性が縫い物をするとき、どれほど没頭していたかをただ説明しているだけである。彼女は「針の先を見て、その眼の端からじっと見ていた」と説話でいっている。

　六詩節は、セキレイをアイヌの人がとても尊重しているのは、その鳥は縁起の良い鳥であるとおもわれているからです。また、この世界で創造された最初の鳥であり、神から特別に気に入れられている友であると考えられている。したがって、七詩節ではこの鳥が選ばれ、オキクルミの愛に打ちのめされた心と危機的な状況を美しく、熱心に乙女が理解するように伝えることを語っている。鳥が話す話は、八詩節から十一詩節に含まれている。

　九詩節の「二匹の悪い魚と二匹の良い魚」という言葉は、オキクルミの前に置かれた食べ物が何であれ、いずれにしてもオキクルミが食べ物に触れることがなかったことを示す表現である。かれはとてもひどい恋をしたことを「ああ、ああ」といい、十三詩節の詩では、「どれほど深く感じている」といっている。

　十詩節は、オキクルミが死んだら、どのような悲惨な出来事が起こるかを表現している。かれはまさにアイヌの生命であり希望であった。

　十二詩節と十三詩節では、みんなに警告をしている。それは女性を見てす

ぐに恋をし、彼女のために恋の病になるのはよくない。オキクルミがどれほ
ど苦しみを受けたかを考えてみよう。これらの詩節の残りの部分は、偉大な
るオキクルミ自身がいとも簡単に影に惑わされたことを教えている。

　詩節からくみ取る教訓は、女性への愛に簡単にだまされてはいけないとい
うことである。それというのは、実体のない幻影や影にすぎず、それはすぐ
に消えてしまうからである。または、つぎの言葉にもいわれている。「それ
はない」つまり、それは存在しなくなるということである。そうであるから、
注意しておこう。

# 6　オキクルミが木の切り倒し方を教えた伝説

　アイヌの人がかつて仙台の北、いずれにしても日本全体に住んでいたことを疑う人は、いまは日本に住んでいる人はほとんどいないとおもっている。だが、実際には、かれらが東京よりも、さらに南に侵入したことを示す十分な証拠があるようだ。

　これから述べる伝説は、日本の北部、おそらく南部、または津軽地方が舞台となっている。オキクルミとその妻は、とても年老いていたが、アイヌの人に木を切り倒す方法を教えたとき、これはオキクルミがアイヌのなかでおこなった最後の行為であるといわれている。それというのは、倒れた木の音にのり、火に包まれて、二人は天国に昇っていったからである。実際、ここに記録されている行為は、オキクルミの死後におこなったと聞かされたが、オキクルミはアイヌが「美しい松の木」を倒すのを手伝ったという、はっきりとした目的をもって、天から送られたといわれる。この仕事を終えると、天国に戻った。それは不思議な説話であり、わたしはその意味を十分に理解できない。しかしながら、ここでは好奇心の強いアイヌの民間伝承の説話のいまひとつの実例を記したい。

## カオリ　KAORI*

1　日本の先端に美しい松の木があった。
2　身分が高い、あるいは卑しいにかかわらず、古代の人が一か所に集まり、その木を剣で切って、折り曲げていた。
3　年老いた男女がその場に来た。
4　老いた男は腰には役に立たない、使い古した斧を持ち、老いた女は役に立たない、使い古した刈り取りの鎌を持っていた。
5　人々はそれを見て、笑った。

6　われわれでさえ、木を切り倒すことができなかったので、「年老いたお二人は、こちらに何をしに来たのですか？」といった。

7　年老いた男は「わたしたちは見えるかもしれないものを見に来たのだよ」といった。

8　年老いた男は役に立たない、使い古した斧を引き、美しい松の木に少し切り込みを入れて、打った。

9　年老いた女は、役に立たない、使い古した刈り取りの鎌を引き、木に刃を突き刺し、切り裂いた。

10　大きな音をたてて、木は倒れ、大地はその倒れる音で地響きした。

11　年老いた夫婦は、その音とともに火が剣の鞘に見た。

12　古代の人はこれをみて、とても不思議におもった。そののち、かれらがオキクルミとその妻であることを知った。


**原書注**

＊カオリとは、この説話が唱えられる声の調子の曲である。


**原書注釈**

　一詩節と二詩節。「日本の先端」と訳した言葉は、アイヌ語では、Samoro moshiri、moshiri paketa といい、これは「北に」あるいは「北東に」、または「日本列島の東端」を意味する。Samoro moshiri とは蝦夷島を示すためには使わない。

　「金属の松」とあるが、松の木が本当に金属からできているというのではなく、むしろ「ひじょうに美しい」ということを示している。kani という語は「金属」で、古代では美しいものを表現するのに、しばしば使われてきた。したがい、Kani pon kasa は「かわいい帽子」、kani chisei は「壮麗な家」、kani to「美しい湖」、kani nitai は「喜びを与えてくれる森」などという。しかし、二詩節ではここでは美しいばかりか、硬いことも示している。それは古代の人が「金属の松の木」を倒そうとして、「剣」（アイヌには斧がなかった）

で曲げて倒そうとしたのである。わたしが「古代の人」と訳した言葉は、ア
イヌ語ではカムイといい、神を表す語であるが、そしてヌプ<sub>ル</sub>またはヌパン
の語は、「高貴、高貴でない」あるいは「高い身分、低い身分」であり、こ
こでは年老いた老人たちを意図してこの語を使っている。

　三詩節。nowenchikko と nowenpakko の語は、「非常に成熟した老年」の日
本語だけに適用される言葉である。chikko と pakko は、古代の日本語で、そ
れぞれ「老人」と「老婆」を意味しているといわれる。

　四〜七詩節。古代の人は、松の木を倒すのに懸命にしていたので、そのよ
うな役にたたない道具を手にして、やろうとしている老夫婦は、ばかげてい
るとおもった。かれらがいうには、「老夫婦よ、あなたがたは、ここに何し
に来たのですか？」「あなたがたを見ているだけだよ」といい、老人は「わ
たしたちは見えるかもしれないものを見に来たのだよ」という。この老人の
言葉は、少し皮肉なようにおもえる。それは、八詩節から十一詩節では、か
れは役に立たない、使い古した斧で木を切って倒そうとした。また老女は役
に立たない、使い古した刈り取りの鎌で、木に刃を突き刺し、切り裂いてい
る。そうすると、木は激しくドスンという音をたてて倒れたので、大地がそ
の倒れた音で震えたとある。その強烈に倒れた音とともに雲のなかに二人は
昇ったのである。十一詩節では、アイヌの人は、この老夫婦が義経であるオ
キクルミとその妻であると理解している！　この説話はおわる。

　「オキクルミ（義経）の妻は誰？」と聞かれるかもしれない。この質問はわ
たしが知らないというだけで却下したい。おそらく近い将来に知ることがで
きるかもしれない。しかし、かれは Turesh Machi と呼ばれるアイヌの女性
と結婚したと聞いているが、これは「家が新しい」という意味であり、彼女
が誰であったかを示しているのではない。正しい証拠を見つけ出すことはで
きない。

　アイヌの人が、この説話から教わる教訓は、若者は年配者を笑わないよう
にしよう。それは年老いた人でも、木を伐採するのはとても単純なことであ
る。若者は、さらにたくさん学ぶことがあるといっている。

# 7 ポンヤウンペ*

　言語学を学ぶ学生が、アイヌ語という古代言語が、実際にどのようなものであるかを知りたければ、この説話を記したほかの文で、そのことを確実に見いだすかもしれない。ここで使われている言葉の多くは、同じく説話をのぞくと、いまでは決して聞かれず、ほとんどアイヌの若い人は、長老たちから最初に特別に教えられないかぎり、そのような言葉を説明することも理解することもできない。言葉の独特な意味を理解するために、多くの忍耐と努力と勉強が必要である。さらに特定の暗示や慣用句の意味を理解するのにはさらに学ぶことが必要である。とくに、それらの多くのことはすでに廃れ、または急速に廃れてきているからである。

　わたしは何年にもわたって、老人たちがこのような説話を語るのに夢中になって、耳を傾けて聞いてきた。たしかに、わたしはそれらを不思議におもうことはほとんどなかった。それというのは、それは哀れみがあるが、生き生きと語られる説話に、わくわくしたからである。だが、それらが翻訳されると、その美しさの多くが失われてしまう。

　あなたがたに読まれることで、より理解を深めるために、わたしはつぎに述べておこう。わずかな意見を心に留めてほしいとおもう。

1. ポンヤウンペは、「古代のアイヌ戦士」を意味すると解釈してよい。

2. あなたがのちに気づくように、持ち込まれたシカは人間であり、Samatuye と呼ばれるところにいる住民である。かれらはアイヌの人と戦うために来た。斑（まだら）の雄ジカはかれらの長であり、斑（まだら）の雌ジカはその妻である。雄は男の代表で、雌は女の代表である。かつては男ばかりでなく、女も戦っていた。

3. Samatuye の人は、ひじょうに好戦的な種族であったといわれている。征服と名声を求めて、あちこちと旅をした。かれらは空中を飛び、戦い、さ

まざまな種類の動物の姿になることができた。こうして、かれらはシカの姿になって、アイヌの人と戦った。

4. 戦いがはじまるとすぐに、かれらは適切な姿に変身し、空中で戦い続ける。

5. しかし、アイヌの戦士は雲に乗って戦うこともできたので、ポンヤウンペを連れて、空を通って Samatuye へ移動することができ、敵の陣地に入って戦いを持ち込んだ。

さらにすべての注と注釈を最後まで取っておいて、いい伝えを述べることにしよう。

## ポンヤウンペ

1. わたしたち三人、妹、兄、私はいつも一緒にいました。

2. ある夜、わたしはまったく眠ることができなかった。いま述べることは夢のなかでみたのか、それとも、その夢は本当に起こったのかはわからない。

3. 川の水源にある山の頂上に、雄ジカの大きな群れが草を食べているのをみた。この大群の先には、ひじょうに大きな斑のある雄ジカがいた。雄ジカは雌ジカの群れの先にいて、仲間の前で飛び跳ねている。そこでわたしは寝床で寝ないで、腰帯をからだの周りに一回巻きつけて締め、帽子の紐を顎の下で結んでいた。そして草でつくった脚絆をしっかりと結び、よい長靴に足を入れ、お気に入りの剣を腰に差した。矢筒を手に取り、櫟<sup>いちい</sup>でつくられた弓をつかみ、そこには桜の樹皮が真ん中まで飾ってある。勇んで出発した。

4. 川沿いの道は、ほこりが飛びまわっていた。わたしは風に巻き込まれて、本当に雲の上をのぼるようにおもえた。そこに、わたしの兄と妹が後ろからやって来た。

5. わたしたちが進んでいくと、強大な山々が雄ジカと雌ジカの群れであふ

れているのを見た。雄ジカのなかには頭に斑がある雄ジカがいて、角にも斑があった。また雌ジカのまわりを跳びまわる、斑のある雌ジカもいた。

6. かれらの近くにいくと、矢筒から矢を取り出し、群れのもっとも集まっているところに矢を射った。そうすると、山は毒を食べ（すなわち毒矢で刺され）、多くのシカの死体で埋め尽くされた。兄は雌ジカの群れの集まっているところに矢を射って、多くのシカを殺し、草は死んだシカでおおわれていた。またたくまに雄ジカと雌ジカの群れはみな殺された。しかし、ほんのわずかなうちに、どうやってシカが人間になったのであろうか？それがわからない。

7. その男はわたしに向かって、怒っていった。

　「おまえは勇敢なポンヤウンペだな。その名声は多くの土地に広がっている。おまえと闘いをするために、ここに来た。わが友を殺して、わたしをかならず倒せるとおもったにちがいない。しかし、お前がどんなに勇敢であっても、おそらく間違っていることに気づくであろう。」

8. 男が語ると、この横柄な兄は、一瞬に剣を引き抜き、力強く一振りで、その男を襲った。こんどは、男も剣をきらりと光らせた。だが、力強い一撃で男を襲ったので、激しく戦いあう音もしなかった。この男に出くわすのは、なかなかできないことであった。それは、風がわたしの剣の先をとらえるようなものだからだ。これが本当であったので、男と戦うのはむずかしい。さらに、わたしは切られたことに気づかなかった。大量の血が体から噴き出していた。その忌まわしい悪い男も大量に出血していた。

9. このような出来事が進むなか、兄と妹は斑のある雌ジカに出会い、二人は剣を引き抜いて、シカに立ち向かっていた。とても恐ろしかったが、二人は戦った。そうしているなか、兄が切られているのを見た。兄が倒れると、手を広げて、ふたたび大地から立ち上がった。それから、剣を引き抜き、男を二度、三度と切った。すると、その男はふたたびシカに変身した。そして、雷のような音をたてて、その音に乗るとすぐに空に昇り、ふたたび戦いをした。そのとき、どこかでもう一人が殺される悲鳴を兄は聞いた。

殺されたのは妹であった。大きな音をたてて、妹は太陽に昇った（つまり妹はうめき声をあげて、死んだ）。

10. こうして、これまで見たことのない雌ジカが妹を殺すと、大地に投げつけた。それから、雌ジカと雄ジカは力をふりしぼって、兄をめがけて上から降りてきたが、兄はこの邪悪な雌ジカを二度、三度と打ちつけたので、太陽に昇っていった。太陽のところにいって、強い魂をもらいにいったのである。そうすると、雄ジカは一人になって、つぎのようにいった。

11. 「おまえがポンヤウンペだな。おまえが勇気ある男だという名声は、多くの国々にも伝わっている。そして、おまえがこのようにしたので、おれが住んでいるところは、Samatuye と呼ばれていることを知るべきだ。わが弟と妹の二人は、わが家の擁護者であり、とても勇敢な連中である。そうであるから、もしおまえに殺されたら、弟はわたしの死に対して復讐をするであろうし、おまえはもはや生きることはないだろう。だから、おまえは注意したほうがいい。」

12. わたしは雄ジカを切ったが、打ち返してきたので、気を失ってしまった。その気を失ったのが長かったのか、あるいは短かったかはわからない。しかし、目を開けると、男の右手がわたしの上に伸びていて、剣であちこちと突き刺し、左手で草をつかんで、その根を引き裂いているのがわかった。

13. わたしは一人になっていた。ところで、Samatuye というところはどこにあるのか、そして、なぜそのように呼ばれているのかと考えてみた。その名前はわたしを驚かそうとして名付けられたとおもったが、もし、そこを訪ねることをしなかったならば、家に帰ったときに笑われ、そして屈辱を感じるのではないかとおもった。

14. わたしは天を見つめると、多くの人たちがやってくる道を見つけた。その道を登り、多くの町や村を通り過ぎた。そして、三日三晩、この道を旅して、やっと海岸に降りた。ここには、たくさんの町や村があった。

15. さらに、とても背の高い山があった。その頂きは空にまで広がっていた。頂上には美しい家があった。その上には大きな霧の雲が輪を描いていた。

わたしは家のそばで降りて、音がしないように静かに歩いた。戸口の隙間から家のなかを覗き込むと、人が話しているのが聞こえた。とても小さな男が暖炉の先端で足を組んで座っていて、火のなかをじろじろと見ている。また暖炉の左側に座っている小さな女もみえた。

16. わたしの妹にひけをとらない美しい女がいた。この小さな男はつぎのようなことをいった。

　「あぁ、わが妹よ、よく聞いてほしい。いいたいことがある。天気が曇っているので、先の出来事は満ち溢れている。ところで、お前は子供のころから予言者であった。だから、わたしに少し予言してほしい。未来のことを聞きたいのだ。」

17. 小さな男は、このように話した。小さな女は大きなあくびを二回した。

　「大きい兄さん、小さい弟よ、わたしもいいたい言葉があるので、聞きなさい。どうして、おまえたち兄弟が、このように先のできごとを気にするのか？　わたしは遠い地からの知らせを聞いている。それは Tomisan pet の山上から来る知らせだ！[1]　勇敢なポンヤウンペというものが、兄を理由もなく攻撃してきて、一人の男が兄とその部下を全滅させた。海岸から離れたところから空を横切って飛んでくると、Kesorap[2] での戦いが進み、予言しようとしたが、視界から消え去ってしまった。海を横切るとき、小さな魚のように水面を駆けている姿が見える。町に向ってまっすぐに来ると、剣の激しい打ち合いが起きている。Ya un[3] という男と Rep un[4] という男は、傷が大きかったのか、血を噴き出している。Rep un という男の剣は、夕日のなかに沈み、いなくなった。いっぽう、Ya un という男の剣の柄は太陽によって輝いている。わが家は静かであったが、いまは危険にさらされている。このようなことを話すとわたしの目の前はかなり暗くなっている。わたしがいったことに注意をしなさい。」

18. 女がこのように予言すると、わたしはたったいま着いたようなふりをして、家のすぐ外にある固い土の上で、長靴の汚れを叩き落とし、戸口のすだれを肩で上げて部屋のなかに入った。二人は一斉にわたしに振り向いた。

恐れを感じたのか、二人は眉をひそめてじっと見つづけた。そして暖炉の左側を大股で歩いた。

19. わたしは小さな男を暖炉の右側に足で追い払い、そして先端であぐらを組んだ。そこで、次のようにいった。

「いいかい、小さな Samatuye の男よ。おまえにはいいたいことがある。よく注意して聞きなさい。おまえの兄である Samatuye の男は、どうして理由なく、わたしたちを襲ったりしたのか。かれはそんなことはしなかったのか？ わけもなくこの戦いを起こしたので、おまえは神に罰せられ、魂を奪われるであろう。だから、わたしのいうことを聞くがいい。その上、わたしは傷を負っているが、おまえの町をひっくり返してしまうことができる。しっかりと、わたしがいうことを聞け！」

20. そして、わたしがいい終わると、剣を引き抜いて、見せびらかした。風が音をたてて吹いたように、その男に襲いかかった。われわれは天上で戦うために昇り、家の一方の端から、もう一方の端まで追いかけた。これが起こっている間、多くの男たちが敷居の上に集まりだした。かれらはまるで蝿の群れと同じくらい群がった。そこで、草を刈る人がするように、かれらを切り倒した。

21. これが起こっているときに、小さい女はいった。

「あぁ、兄弟よ、なぜあなたは理由もなく、ポンヤウンペを攻撃するような過ちを犯したのか？ かれらを倒したのに、死にたくないと願う人々をあなたは殺したいと思うのか？ これからは、ポンヤウンペと運命を共にしよう。わたしがいう言葉を聞きなさい。」

22. 小さい女は、胸から短剣を引き抜き、戸口にいる男を、まるで草を切るように切り刻んだ。わたしたちは並んで戦った、

23. こうして戦って、かれらを家から追い出した。わたしたちが見たときは、ほんの数人しか生き残っていなかったが、かれらの後ろには、小さな Samatuye の男が立っていた。そう、かれはそこにいたのだ。たちまちにそこにいた数人がみな殺された。このあとに、わたしは急ぎ足で、

Samatuye の男を追いかけ、かれの上に乗って、剣を抜いて激しく切り、殴り殺した。Samatuye の女は、わたしの側に立っていて、持っていた短剣で兄を殺した。

24. またたくまに、兄は切られ、殺されてしまった。このあと、小さい女はわんわん泣いていった。

「わたしは何もしていない。友達がいない人に対して、短剣を抜いたりしたいとはおもわない。食べ物があるところに、小さなワシタカが群がるように、あなたと一緒にいたいと心から望んでいる。おぉ、ポンヤウンペよ！ わたしがいうことを聞きなさい。」

## 原書注
\*ポンヤウンペは、主人公の名前であるが、「勇敢なアイヌの人」を意味する。

1　Tomisan pet とは、石狩よりも蝦夷島の西海岸をさらに一日ほど旅したところにあるといわれる川の名前。
2　Kesorap とは、アイヌの人によるとクジャク、他の人によるとワシの一種という。ただし、ここでは Samatuye を破り、勝ち誇ったアイヌの人を意味している。
3　Ya un は「アイヌ」。
4　Rep un は「アイヌの敵」。

## 原書注釈
1. ポンヤウンペの言葉は、おそらく古代のアイヌの人を示す意味であるという結論をもっている。それはアイヌの人は、自分たちを Rep un guru と呼んでいる外国の人と区別するために、Ya un guru という言葉を使っている。Ya un guru は「土の上に住んでいる人」、または「土着民」を意味している。Rep un guru は「海の人」、または「海の向こうに住んでいる人」、「島民」という意味である。ポンヤウンペは、「土の上に住む小さな

人」を意味する。それは、この語が次のように分節できるからである。ポンまたはポイは「小さい」、ya は「土地」、「土」である。un は場所を表す前置詞、pe は「物」、「存在」、「人」となる。しかし、ポンは実際には、「小さい」または「小さくてかわいい」を意味するものと解釈されるべきではないが、愛着または賞賛を表現する意味があり、この場合「勇気ある」と便宜的に訳した。したがい、この語は「勇敢なアイヌの人」を意味するようになる。とくに、この名前をもつ人物は、アイヌ民族のなかでも勇敢な戦士であり、おそらく人々にとって英雄と呼ぶべき人であろう。

2. 一詩節から五詩節には、わたしからの注釈はない。このような細かくて明らかな説明は、アイヌの人のあいだでは一般的であるので、ここでは無視することにしたい。

3. 六詩節では、「ほんのわずかなうちに、どうやってシカが人間になったのであろうか？　それがわからない」といっているが、アイヌの人がシカを人間であると発見したのは、このときがはじめてであった。かれらはいまでは適切な姿になって、敵が口論したから戦うようになったことがわかった。

4. 七詩節には、戦いへの挑戦が語られている。ここでは、いまや人間になった斑のある雄ジカが、アイヌの仲間が殺されたと非難している。かれは口論する根拠を探して、戦う本当の原因を自分の責任からアイヌの人の責任に転嫁しようとするが、実際には、かれ自身が土地に侵略したのである。「あなたはわたしの友を殺した」とかれはいう。その後、剣を一瞬に引き抜き、戦いは激しく、熱狂的になった。

5. この八詩節では、アイヌの土地では、おおいに名声であったと暗示されている。かれは「名声は多くの土地に広がっている」というが、どこの土地であったかわからない。ある人によると、アイヌの人は船に乗って満州へ航海し、氷を渡ってシベリアへ行き、そこで戦いを起こし、また取引をしたと伝える人もいる。

6. 九詩節は、外地の妻とアイヌの兄弟姉妹との戦いについて語っている。

どちらも女に殺された。兄弟は真っ二つに切られたが、ポンヤウンペは、剣で何度も突き刺されても、生命を吹き返したといわれている。これはとても不思議な発言であるが、アイヌの人はかつてかれらを剣で切っても、人の命を元に戻す霊力を持っていたといわれている。今日まで、かれらは病ある人の上にのって剣を抜き、かれらをバラバラに切る仕種をする慣習がある。これは治癒や生命を回復するのに、大きな効果があるとおもわれている！　アイヌの人がいうには、かれらは殺された仲間を剣で生き返らせる霊力を失ってしまっているという。このことが戦うことをあきらめた理由なのである！　この詩節では、アイヌの人が生と死について、どのようにかつて語っていたのかについて説明をしている。妹は太陽に昇っていったというのは、女は死んだということである。死というものは沈む太陽（の光線）に乗り、生は昇っていく太陽に乗るといい、また太陽のように輝いているともいう。これは不思議な考えである。この根底にある考えは、あなたがたが想像するために残しておきたい。

7. 十詩節は、女になった雌ジカが死んだことを語っている。死体は残っているが、その魂は生きて、太陽へと旅した、つまり死んだとなる。

8. 十詩節と十一詩節は、アイヌの人が敵対者に恐れはじめていたということを仄めかしている。それから、兄や妹が復讐をするといってかれを脅す。また Samatuye という、かれの国の名前を伝えている。Samatuye はどこにあるのかわからない。Samatuye とは、「二つに切り刻む」という意味であるが、それはある場所か国の名前であるといわれている。

9. 十四詩節。敵が来た道は空からであった。アイヌの人は、かれが Samatuye という国に来るまで、敵を追っていた。ここでは十五詩節でいうように、ひじょうに高い山の頂きに首長の宮殿が建てられていた。その麓に首都があった。ふたたびいうが、アイヌの人は空に昇り、宮殿の入り口に忍び込んだ。かれは敵である兄と妹を見て、かれらの会話を聞いている。かれが耳にしたことは、十六詩節と十七詩節に記されている。

10. 十六詩節から十八詩節。妹は予言者であった。アイヌの人のあいだには、

いまも予言者がいる。かれらのおもな任務は、病の原因を告げること、薬を処方すること、病を取り除くこと、そして究極の結果、つまり人が死ぬか、病から回復するかどうかを伝えることにある。人が予言するとき、予言者は眠っているか、さもなければ意識を失うといわれ、予言や占った霊は予言者の心のなかに入ってくると考えられているので、それはただ神の道具であり、あるいは代弁者となる。予言者は自分で言っていることはわからないといわれている。さらに聞き手はしばしば、かれがいう言葉が何を予言しているのかわからない。予言をしている行為のときは、予言者が恐ろしいほど体が震えることがある。さらにひじょうに激しく息をして、汗の滴が額にたれてくる。目は開いているのだが、しばらくのあいだ視力がすべて失われている。ただ心から見ているだけである。しかも見えるものは過去、現在、未来に関係なく現在形で話される。この予言の精神は一般の人に信じられているので、予言者や女の予言者にしばしば頼ることがある。しかし、不思議なことに、かれらは好きなときだけに予言をするのであり、いつでも予言できるわけでない。予言者に霊が 憑依（ひょうい）するまで待たなければならない。酒のようなおいしい飲み物がつねに必要であるわけではないが、瞑想と祈りは絶対に欠かすことができない。予言する精神的な負担は、ときとして痙攣するなかであらわれるが、多くの場合は、ある種の歌唱が単調になるなかでよく起こる。

11. 予言者が予言しているのをかつて目にしたことがあるが、本当にこれほど厳粛な場面を見ることはできないとおもう。一緒に集まった人々は話すことをしないで沈黙している。声は予言者のものしか聞くことが出来ない。灰色の髭（ひげ）を生やした老人たちは目に涙を浮かべて、厳粛ななかで、静かに座っていた。かれらはいわれていることに注意を払って聞いている。予言者は手で自分を叩いているので、対象とするものと対話しているように見えた。予言を終えると、目を開け、一瞬、荒々しく息をしているが、顔は火のように輝いていた。しかし、疲労がたちまちに襲って、ふつうの人に戻っていった。

12. この十七詩節には、女が予言したことが語られている。女は石狩川を越えた戦いを見ている。兄を見守ったが、戦いで殺されてしまった。征服している英雄が小鳥のように空を飛び回っているのを見た。その男は魚が水面をすくい取るように、低い姿勢で海に沿って突進している。剣がぶつかり合う音が自分の都市や宮殿まで聞こえる。女が見るのはアイヌの人とSamatuye の人たちである。アイヌの人は負傷しているという。Samatuyeの男の剣は、女の兄を夕日に沈めた。つまり兄は死んだ。剣は太陽を照らすので勝ったのである。そして、最後にかれらが危険な状態にさらされている。そしてアイヌの人はいま戸口で聞いている。そのあとに十八詩節と十九詩節でいうように、アイヌの人が歩いていくなかで、果敢に兄が戦いを挑んでいる。

13. 十九詩節から終わりまでは、この戦いの結末を教えている。女はアイヌの人と一緒にくじを引いている。女はその戦いのなかでかれを助けたのである。Samatuye の人はみな殺され、女はアイヌの人の妻になる！　そこで、この話が終わる。

# 8　クンネペッの貴婦人の伝説

　奴隷[1]として育てられた人が Shinutapka[2]というところにいた。むかしクンネペッ[3]というところに住んでいる婦人が、美しいと評判であることが、海外に広まっているのを耳にした。ある日、かれが料理をして、食べ物を食べた後、わたしたちの奴隷が、腰帯[4]に締め具を留め、頼りになる剣を帯に挿し、鉄兜を被り、それから暖炉の先端[5]から出て来る風に乗って、天井[6]にある窓から急いで出て行った。そのときは、音とともに、霊感を宿している守護神[7]がいて、クンネペッの村に到着するまで、強く吹く風[8]の前にいた。

　クンネペッの婦人のところに来た。かれが婦人を見ると、おおいに泣いている[9]のがわかった。いまも涙を流しながら、彼女が語った。

　「天界に住んでいる雷神は二人いますが[10]、そのうち若い雷神がわたしにいいよって、結婚しようといいます。おぉ、ポンヤウンペ[11]よ、わたしのために来てくれたのに、わたしたちは結婚できないのです。どうしても、あなたが食べる料理を作りたいのです[12]。」

　彼女がそういうと、火に掛かっている小さい鍋を揺らし、大切に保存していた食べ物のいくつかを選んで鍋に入れた。柄杓を浸して、おいしく食べ物をかき混ぜた。つぎに、きれいな食事用のお椀を手に取り、美しい皿の上にのせ、高く盛り上げて、かれのところに運び、深くお辞儀をした。

　食べ始めたとき、白い[13]閃光の稲妻が上の窓から入ってきて、不思議な形の光線が光った。見上げると、クンネペッの婦人よりも、さらに美しい女性が、白馬車[14]にもたれているのを見た。彼女は怒った表情をみせていた。そして怒りながらいった。

　「おぉ、ポンヤウンペよ、聞くがいい、いいたいことがある。わたしはオオカミ神の妹であり、クンネペッの婦人の恩人である。あなたはわたしの兄に見守られている[15]。それなのに、おまえはこの婦人を尋ね、戦いをしよう

としているのを、雷神は怒っているので、いいに来た。いや、戦いは近づいている。わたしは価値がない[16]女であるが、おまえを助けるために来ている。この白馬車に乗りなさい」とオオカミ神の妹がのべた。

そこで、馬車に乗り込むと、たちまち屋根上の窓から出ていった。馬車についている馬飾り[17]が風を切って音が鳴った。道を進むと、川の源流に向かって山を巡り、天界の低い[18]ところに浮かぶ雲のなかで、白や黒の稲妻が光っているのが見えた。稲妻を見ていると、雷神が黒馬車に座っているのが見えた。ひじょうに小さな男であった。そこには小さな女も座っていた。疑いもなく、かれの妹だ。彼女は杖を手に持ち、はじめは馬車の片端から別の片端を打ち続け、山の頂きにぶら下がって波打っているようだ。

雷神は怒った表情で、

「いいかい。おぉ、ポンヤウンペ、よく聞け、いいたいことがある。おまえがクンネペッの婦人にお世辞をいって、もてあそぼうとしているが、わしが妻として娶ると決めた女性だ。このことが戦いの原因なのだ。気をつけたほうがいい、よき友よ。だから、おまえの傲慢な態度をくじくであろう。」

かれがそのように話すと、剣を力強く握って一撃したので、白馬車の側面がはげしい音を立てた。すぐに、ポンヤウンペも剣を引き抜き、一撃されたのと同じく、激しく雷神に立ち向かった。そうして、かれらは力をふりしぼって戦い、黒馬車は攻撃に応じて、上へ下へと動いた。それから、剣の打ち合いのあと、激しくぶつかり合う音があった。途方もない雷の轟音が世界中に響きわたり、強烈な風が吹いた。昼も夜も戦ってばかりしていた。激しい戦いは二十か月にもおよんだあと、雷神は次のようにいった。

「人が住んでいるこの土地で戦うと、国土は荒廃する。国土の基盤は岩からできているので、世界にもっと注意を払うべきだ。ところで、天上の世界の土台は鉄でできているから、天に昇って戦おう。その場所は、腐敗することに関係ないから戦えるであろう。」

それから、空中に立ち去ったので、かれのあとを追った。オオカミ神の妹は、杖を手に持っていたので、馬車の片端を打ち、つぎにもう片端を打ち続

けた。白馬車が黒馬車に接近すると、細い馬飾りが風を切り、厚い馬飾りが激しい音を鳴らした。天界の門は音をたてて開き、そこを通り抜けると、ふたたび音をたてて閉じられた。素晴らしい国土が前にあり、とても美しい水路が目の前に広がっている。川の両側には雄大な樫木の森があり、地平線上には雲は静かに浮かんでいた。そのとき雷神はいった。

「この国土は、じつは高い天界にある。その基盤は鉄でできているので、たとえ二、三年戦っても傷つく心配もない。たしかにわれわれの力を試すことが出来るところだ。」

そのようにいうと、かれは剣をもって、わたしを激しく襲ってきたので、こちらも同じように、激しく向かいあった。黒馬車の端が剣にぶつかると、その一撃を避け、鉄がぶつかる音だけが響いた。同じように、白馬車の底が上にあがって防御すると激しくぶつかる音がした。こうして激しく戦い、天界の端から端まで互いに追いかけ、速度を落とすと、金属におおわれた家を偶然に見つけたので、ここにとどまって戦った。家の中から声が聞こえた。

「いいかい。ポンヤウンペと雷神よ。いいたいことがあるから、耳を傾けろ。たしかに、アイヌの土地の土台は、岩からできているのは事実であり、天界の土台は金属からできている。だが、おまえたちがここで戦いを続けていると、天界の土台は鉄でできているから、摩擦で熱くなってしまう。だから、気をつけなくてはならない。ところで、アイヌの地下には六つの国があり、さらに、これらの下には、また美しい土地がある。その国はチラマ[19]といい、その土台は地球である。おまえたちはそこに行って戦え。そうしないと、わが国と村はすべて破壊されてしまう」と神が話すような声が響いた。

こうして、雷神は剣を鞘に納めたので、わたしも剣を鞘に納めた。それから天界に入るために、急いで向かった。頭を先にして空から降り、狙撃兵のように大地を突き刺して、六つの国土をまわった。こうしたあと、本当に美しい国に来た。この土地は、間違いなくチラマの地であり、わたしたちは降りた。

土地の一方の端からもう一方の端まで、互いに追いかけては激しく戦った。

どのように戦っても、黒馬車は上昇したり下降したり、前へ後へと揺れ、側面と底面を打ち続け、金属がはげしくぶつかり合う音だけがした。白馬車も上昇し、側面と底面を盾で打つようにして攻撃した。どうしても雷神のからだに触れることができなかった。とにかく、黒馬車を吊していた馬飾りを切ることを目指した。このために激しく戦っていると、神の助けがあって馬飾りを断ち切ることができた。こうして馬車のすべての馬飾りもすべてがばらばらになり、大地に落ちていった。雷神は黒馬車から出て、仲間の助けを借りて、わたしのところに歩いて来た。

　雷神の妹は、涙を流していった。

　「あぁ、兄よ、あなたは神である。女神と結婚したければ、このような激しい戦いを続ける必要はないだろう。どうしてクンネペッの婦人が唯一の女性のように思って、愛情を抱くのか？　いま、われわれ[20]の魅力ある黒馬車が完全に壊され、武器もなくて戦おうとしている。気をつけないと、ポンヤウンペが殺すであろう。」

　そのようにいうと、雷神の妹は涙を流した。

　このとき、オオカミ神の妹が出てきて、女と戦いをはじめた。雷神はさらに激しい攻撃をしてきた。ともに戦っていても、なかなか勝敗がつかない。そのうち、衣服はぼろぼろに破けて、ぶら下がっている。それでも戦いは続いた。わたしの衣服もびりびりと破けていた。戦いが進むなか、真の神がチラマの土地の東から物凄い音をたててやって来た。そこに美しいクンネペッの婦人が涙を流しながら降りてきて、オオカミ神の側に来た。雷神の妹は激しい戦いをしていたが、最後の闘いで切られて殺されてしまった。彼女の聖霊は空に昇るときに、大きな轟音を鳴らした。女は生きた神として天界に昇ったのである。その姿が見えなくなると轟音は止んだ。

　オオカミ神が妹とともに、クンネペッの婦人の側に来て、三人は雷神に向かってともに戦った。しばらくして、戦いは困難をきわめたが雷神を殺すことができた。雷神の魂は天界に昇るときに大きな轟音をたてた。だが、チラマの土地の西端に入る[21]ことができなかったため、大きな轟音をたてて天高

く昇っていった。雷神は新しい神となって昇り、音は消えていった。

　すべての戦いが終わったあと、クンネペッの婦人とオオカミ神の妹はたがいに剣で敬意を表し、クンネペッの土地にある村に来た。オオカミ神の妹は、「わたしは女神であるので、神のなかから夫を連れて行かなければならない。あなたたちは人間であるので、クンネペッの婦人と結婚するのがいいであろう。いま兄であるオオカミ神に見守られているから、もはやこれ以上、戦いをすることはない。神酒を持っているならば、イナオ[22]を作り、オオカミ神に神酒を捧げるようにしてほしい」といった。

　女は話し終えると、ものすごい音をたてて去っていった。クンネペッの婦人は心から大いに喜んだ。料理をポンヤウンペのために準備し、きれいなお椀にご飯を一杯盛り、美しい皿に載せて、何度もお礼をした。料理を少し食べ、その残りを婦人にも勧めた。彼女は感謝の気持ちをあらわすのに、料理を高く持ち上げて食べた。食事が終わると[23]、クンネペッの婦人は家をきれいにととのえ、それから幸せに暮らしたという。

## 原書注釈

1　ここで「奴隷」と訳す語は、アイヌでは複合名詞で Usshiu ne guru という。その語が見いだされる説話のなかでの特定の場所と比較すると、もちろん文脈をつねに考慮すると、戦争中あるいは夜間の襲撃のなかで、捕虜にされた人を実際にはいうのであろうという結論になる。祖先が戦争をしているときに、お互いできるかぎり多くの成人男性を殺し、女性と子供は「奴隷」または側室として連れて行く慣習がかつてあったことを知る。これらはすべて、ここでは「奴隷」という語で呼んでいる。しかし、現在に伝えられる説話の英雄は、ヨーロッパにおける古代の騎士道と較べると、「王族に仕える男」、または「中世の騎士見習い」であったようにおもえる。ほかでは「勇敢なアイヌの人」という意味の語で呼ばれている。そうであるから、これらの二つの名前からみると、かれは家で生まれた二人の奴隷の息子にすぎなかったかもしれない。だが、かれは女囚人の息子、あるい

は主人の奴隷であると考えられる。また、その家で生まれた二人の奴隷の息子であったかもしれない。かれらが主人の私生児か奴隷であろうと家族の一員であり、戦争で遠征するときは、主人に同行した。まったく不自然に見える者、すなわち「奴隷」は、自分のために戦争に行ったのであるが、アイヌの人のあいだでは自然なことであろう。

2　Shinutapka は、ほかの地では Shinutapkashi と呼ばれ、石狩から約十から十二里ほど離れた、蝦夷島の北部にある、山々の古代の名前であり、とくに勇敢なアイヌ戦士の種族の本拠地であったといわれ、この山の頂上には、まだ古い砦の遺跡が存在しているという。しかし、このことは、たしかに Shinutapka がアイヌの説話に深く入り込み、現在の人々は、これらの有名な山の場所として Ishkari と Mashki の地区を指し示しているかもしれない。Shinutapka は、「ひじょうに高い山の頂上」を意味している。

3　クンネペッという名前は「黒い川」を意味するが、この名前の由来となった場所や川を知る人はいまや誰もいない。

4　「腰帯」と訳される語は、アイヌ語では uokkane kut といい、その正確な意味は「金属製の留め具がある腰帯」である。これはアイヌの人がいま持っている腰帯ではなく、むしろ「帯」をかつては着用していたことを示しているようにおもわれる。実際、この言葉は、端に締め金で留める尾錠、または留め金と留め穴がないかぎり、どのような種類の腰帯にも適用できない。

5　「暖炉の先端」、つまり暖炉と東側の窓の間にある小屋の部分は神聖である。ここではとくに大きな飲み会が開催される。

6　ここでいう「天井にある窓」とは、煙を逃がすために小屋の西端に残された穴のことである。しかし、アイヌの一部の土地では、たとえば石狩での窓は、屋根の南側に開口部が残っている。

7　「霊感を宿している守護神」と訳したアイヌ語の言葉は、とても神秘に満ちていて、宗教的な見地から説明している。かれらはアイヌ民族がひじょうに宗教的な人々であることを示している。この言葉は、ituren Kamui で

ある。カムイとは「神」または「神々」を意味する。turen とは予言する
ときのように、「神に触発される」ことを意味する。「悪魔に取り憑かれて
いる」、「悪に対する罰として病に苦しむ」、「神から特別な祝福を受け取る」、
「神の保護を得る」などというのは、すばらしいことであるが、危険な仕
事に従事している。turen の前に置かれた接頭辞 i は、意味を強めている。
したがって、この特別な場所で、ituren Kamui は、「神が人に霊感を与え、
導き、保護し、保ち、守ること」というのが本当の意味である。このよう
な言葉は宗教的な性質に関して、自分に対して語る、また、すべての家庭
が特別な守護神がいるはずだということを書き留めておきたい。それは
Turen Kamui と呼ばれ、主人が家にいるときは、家の屋根の上に座ってい
るが、旅に出るときは、かれに同行すると考えられている。わたしたちの
英雄は「霊感を宿している守護神」をともなっていたとなる。

8 「強い風」という言葉は、元々は「神の風」である。アイヌの人が偉大さ、
力強さ、美しさやそのような考えを表現したいときは、カムイつまり「神」
という語を使う。したがって、「偉大なる木」に対しては「神の木」、「高
い山」は「神の山」、「美しい花」は「神の花」、「大河」は「神の河」、そ
して「強い風」は「神の風」となる。したがって「クマ」が「神の動物」
と呼ばれるのは、アイヌの人にとって「森の王」だからと理解できる。か
れは「強い風」つまり「神の風」の目の前にいたといわれれば祖先が力を
もった、つまり Turen Kamui「霊感を宿している守護神」の助けによって、
空を飛び、空中での戦いをするという考えがあるのを忘れてはならない。
したがって、これらの特別な「神の風」は「強大な風」と同じくらい妥当
性があり、「楽しく、好ましい風」と呼ばれることがある。

9 「おおいに泣く」という言葉は、文字通り訳すと「二回ほどひどい泣き声
をする」となる。アイヌの人は、激しさ、あるいは過剰さは「二つまたは
三つ」、または「二回または三回」と表現することがよくある。したがっ
て、「かれは二、三回打たれた」とは、「かれは激しく打たれた」を意味す
る。そして、ここでいう「女は二回ほどひどい泣き声をあげた」というの

は、「女はひじょうに激しく泣いた」または「とても激しく泣いた」となる。

10 雷に関するアイヌの考えを解き明かしている。身体的な形では、雷神は人間に似ていると考えられ、人間と同じような愛情を持っている。また、かれらが男の言葉で話すと考えられている。他にいわゆるアイヌの神についていうと、雷神はすべて男性であるが、数は二人である。それは類似しているため、アイヌの人は、雷神はひじょうに数が多く、結婚して婿か嫁をもらい、男と女の鬼がいると考えている。かれらは生まれると決して死ぬことはない。雷そのものはこれらの神々の動きが引き起こすものである。

11 ポンヤウンペとは「勇敢なアイヌの人」または「勇敢な英雄」を意味する。アイヌの人はときどき Ya un moshiri という名前で蝦夷島を呼ぶので、Ya un guru や Yaumbe が「アイヌの人」を意味するようになる。

12 クンネペッの婦人は、訪問者のために食べ物を作るという。これは礼儀の重大な違反とみなされるが、若い女性は保護者または両親から命じられない限り、独身者のために、そのようなことをすることはとても前向きなおこないである。これは完全に自然なことである。それというのは、アイヌでの結婚式の一部は花嫁が食べ物を調理して、婚約者に与える行為だからである。

13 アイヌの人は「白」が最高で、純粋な色であると考えている。それは神の色であり、すべてが良いとされるが、それに対して、黒は悪と悪魔を表すことになっている。死体が白い布でしっかりと覆われているのを見たことがある。それは傷を受けた人を覆ったときのものである。白い襤褸切れは、死者が天界に旅するのを助けると考えられていた。

14 ここで訳す「白馬車」という語は、いまでは船架を意味するが、この説話では馬車の方がより意味に合っている。アイヌの人が船架を小屋の屋根から吊り下げるのと同じやり方で、紐や綱を使って、馬車を上から吊り下げると考えている。

15 ここで動物を利用することは、人間をいくぶん監視するという奇妙な考

えがある。したがい、雄のオオカミは英雄であるポンヤウンペの守護者であり、一方、雌のオオカミはクンネペッの婦人を保護した。アイヌの人が動物を崇拝し、神酒を捧げる理由はいくぶん理解できる。

16 女神は説明を必要としないというつもりはないが、自分を「価値がない」あるいは「悪い」と呼ぶのは、アイヌの人の礼儀である。おそらく、もともと近隣の日本から取り入れた言葉であろう。

17 これらの「馬飾り」は、馬車が天から吊り下げられた紐である。

18「天界の低い」。アイヌの人は天界には、三つあると考えている。一番目の天界は Shi-nish kando という「最も高い天空」で、ここには神々の首長、すなわち創造主の家があると考えられている。二番目の天界は Nochiu-o kando という「星をもつ天空」と呼ばれる。二番目の神々がここに住んでいると考えられている。三番目の最も低い天界は、range kando あるいは urara kando といい、「ぶら下がっている天空」、または「霧の空」といわれ、低い神々や悪魔たちが住み、とくに雷の悪魔はここに住んでいるとされる。

19 チラマは、「最も低い」を意味する。

20 戦車は、私たちが知っているように戦う者の盾として活躍した。

21 死ぬこと。

22 細かく削られた柳の木片。

23 結婚式が終わって、かれらは結婚していたということ。

# 9　コタン・ウツナイ（KOTAN UTUNNAI）の伝説[1]

　わたしは姉[2]に育てられて、いつも自宅にいました。育てられた家は草でつくられて小さかった。育てられているあいだ、神々がまわりで戦っている音が聞こえていた。とても多く[3]の神が殺されたような音がした。

　ところで、わたしが大きく成長したとき、Yaunguru[4]の神々の音が、遠いところから聞こえ、わが草の家の上までにも届いた。その音を聞いていると、わたしの守護神[5]は屋根の上から叫んでいた。

　同じ家族[6]の神々も、ともに呼びかけているのを聞いてとても驚いた。わたしは聞いてみた。

　「おお、わが姉よ、わたしをこの上なく育ててくれましたが、この音が意味することは、何であるかを教えてください。」

　姉はおおいなる敬意を表して、体をおおきく震えさせて、泣きながらいった。

　「ああ、汝はもう少し大きくなり、そのときに、汝の質問に答えたばかりに、わたしを殺そうとするならば、それはたいした問題ではないだろう。それというのは、わたしが死ぬのが好ましいからだ。いま汝が聞きたいことをいったとしても、年少な若者のように怒ってはいけない。それは危険であるから、腹を立てるのではない。わたしがいわなければならないことは、賢明になることである。しばらく前に、この地で戦いがあったとき、汝の父は撤退し、Shinutapkash[7]と Tumisanpet 周辺の国を統治していた。ある日、汝の母は巻き髪の末っ子[8]を背負って、満州の統治者へ敬意を払うために、父親と一緒に行った[9]。サハリンに近づくとすぐに、海岸に降りてきた人々が、手にイナオ[10]を持ち、上陸するように手招きした。それから、かれらは座って、昼夜にわたり有毒である酒[11]を飲んでいた。汝の父は酒におぼれるなかで、「わしはサハリンの人々と宝物をすべて買うことができる」といった。

　人々はこの言葉が戦いの始まりとみなしたことから戦いが起き、全土に広

がった。そのときは、われわれの国の名前は Chiwashpet といい、Chiwashpet
の人は、みなとても勇敢であったので、汝の父は戦いのなかで殺された。か
れが死ぬと、汝の母親は父親の武器と兜を取り、背中につけて、衣服の下の
腰帯に縛った。それから戦うために、国中いたるところに行った。生涯を通
じて戦うだけだった。ついに母親は戦いで殺された。そこで、巻き髪の男は、
完全に一人にされた。そのときから、これまでずっと戦いをしてきたのだ。
このような事態であったので、汝とともに逃げて、ここにたどり着いたのだ。
ここは神も人も近づかないところである。この場所が Kotan utunnai Moshiri
utunnai[12]と呼ばれているのは、このように人里離れたところであるからだ。
それから、ここで汝を育ててきたのである。悪い神はこれまでずっと戦って
いたが、巻き髪の男には手を出さなかった。汝が尋ねたから、このことをいっ
たのだが、どうか怒らないでほしい。」

　これを聞くとすぐに、女を殺したいという気持ちが激しくおきた。それで
も自分を抑えるために大いに我慢をして、「ああ、姉よ、たしかにわたしを
育ててくれました。どうか父の武器なるものを見せてください」といった。

　話しを終えると、まもなくして姉は留め金をはずし、古い宝の袋を取って
きた。その袋の紐をすぐにほどくと、内側から見事な剣と六着の美しい衣服
を取りだした。そこには腰帯や持ち物と兜がすべて揃ってあった。それらを
渡してくれたので、わたしは喜んで受け取った。それから、小さい[13]服を片
側に置き、六着の美しい衣服を着た。帯を体に巻き付け、頼りになる剣を腰
帯に差し、美しい兜を結びつけた。

　それから、囲炉裏の上部にある天井から吊るす木板の天棚（あまだな）に立ち上がろう
としたが、うまくできなかった。そこで戦士がするように腕と肩を使って立
ち上がった。囲炉裏の周りを行ったり来たりし、からだを伸ばしたりした。
このあとに、草小屋の天井にある窓にいくと、わたしの守護神がその天窓か
ら叫び声をあげ、わたしは強い風に運ばれた。姉は泣きながら、

　「わが幼い若者よ、この戦いで自制心を失って、無礼なことをするな。ま
ず Shinutapka の家に連れて行かなければならない。そのあと全世界のあらゆ

る町や国と戦うことがあろう」と話した。

　姉が話すと、風の前に追いやられ、美しい国が一斉にわたしの前にみえた。その海岸に着くと、近くに山が見え、その頂上は雲のなかから出ていた。もっとも美しい小さな川が、山の斜面を流れ落ち、空中に浮いているように見えた。川の中央あたりには、神々が住んでいるような場所があった。そこを覆うように黒い雲が霧のようにかかっていた。川を下ると、別の雲が見えたが、赤い雲が同じように吊り下がり、さらに別の雲が吊り下がっていたが、それは黄色の雲であった。

　姉は泣きながら、

　「ここはふつうの神たちが住むところではなく、あらゆる病を起こす悪魔の首長[14]が住むところである。ところで、ここから離れて、ほかの国を見に行こう。だが、これらの悪魔に無礼な態度を示してはいけない」といった。

　それにもかかわらず、姉の言葉に耳を貸さないで、黒い雲に入っていった。ここに黒い霧がかかった雲が、その上にぶら下がっていた。六つの大きな急流が見えるところに進んだが、黒い急流に近づくと、突然剣を持った人に襲われた。姉も襲われた。自分の身を案じて、片側に飛び、困難から逃れた。剣が目の前に来たとき、その打撃はほとんど害もなく、効き目のない一撃が体を過ぎ去るのを感じた。

　それから姉はまた泣きながら、「これは穏やかなことの前ぶれではない。ああ、戻りましょう」といった。それにもかかわらず、すぐに赤い霧に入ると、そこに六つの赤い急流が見えた。これらの急流の頂上に行ったときに出会ったことは、前に起きたので、まったく小さなことのように思われた[15]。わたしは狂暴になって、襲撃を避けようとはしなかった。しかし、その襲撃はわたしの体に何ら影響もしなかった。いつのまにか六つの黄色い霧の雲が覆っていた。そこに行くとすぐに、またその上にいる誰かに激しい一撃を受けたが、ひるむことなく地面に立ち、効き目のない一撃が、わたしの体を襲ったが、何の害もなかった。

　こうして、わたしは通り抜けると、山の頂上から下ってくる石の道が見え

た。小道の底には、金属製の井戸があり、その井戸には金属製の水柄杓があった。さらに道を下っていくと、六つの霧の土手のようなものが見えた。最初のものは、完全に黒い衣服を着た人であった。その次の人は赤い服を着ていて、その次の人は黄色い服を着ていた。これらのうしろに、三人の女が来て、これですべて六人となる[16]。

　最初の人が、わたしのところに来て、敬意を払い、

　「いいかい、若いアイヌの兄弟よ、いいたいことがあるから、よく聞きなさい。わたしは戦いだけをする者ではない。すべての病の神であり、この町に住んでいる。いまでは巻き髪の男が生きているあいだは、戦うしかなかった。あなたたちを哀れだと感じたので、すべての悪いことから解放し、この長い戦いのあいだ、あらゆる害からあなたたちを守ってきた。世界は広いのに、あなたたちはわたしの貧しく、狭い場所に向かってきたが、そのことはあなたがたを受け入れるに値しない。黒、赤、黄色の急流の上から、剣で襲撃するふりをしたのは、あなたがたに敬意を抱いていたからだ。もしもたんなる男であったならば、背を向けたであろうが、まっすぐにここに来た。しかし、すぐに引き返したほうがいい。この長年にわたるすべての戦いを通して、まったく安全であったのだから、いま引き返しなさい」といった。

　話し終えると、ふたたびかれは服従させようとしたが、わたしはかれに向かって小指を立て[17]、「もし汝がすぐれた戦士であるなら、わたしを殺すがいい。はやく殺せ！」といった。わが王たちはいい訳をして、「われわれは戦士ではないから、どうか引き返してください」と答えた。

　この言葉を聞いて、わたしはさらに怒り、三人の王たちを剣で激しく攻撃した。しかし、かれらは神であるので、たちまち空になって、剣を出したところから逃げてしまう。それから、三人の小さな女は、わが姉の Chiwashpet の女を攻撃しはじめた。三人の敵を攻撃していると、すぐに剣を引き抜いて、わたしに襲いかかった。ふたたび、かれらの攻撃を返すと、わたしはまた体を人間の姿に変え、かれらに見えないようにした。

　敵の一人の剣に飛び乗って、踊るように橋を渡った。そのとき左手を傷つ

けてしまった。しばらくして、黄色い服を着た人をとらえ、小さな岩や大きな岩で頭の毛を摑まえ、激しく叩いた。かれが完全に死ぬと、わたしの後ろにかれを引きずりこんだ。かれは死んだ魚の皮のように見えた[18]。それから王たちの首長は剣で激しく戦った。そこで、殺された男を盾として使って、一撃をかわした。しばらくして、盾として使った男は粉々になり、生きている魂は音とともに去り、山の頂上に昇った[19]。そのとき、黄色い服を着たかれの妻も殺された。

　次に、赤服を着た男の頭の毛を掴まえ、岩の上で激しく殴った。かれを盾として使って振り回し、黒服を着た者の側に自分が進む道を開いた。こうして、殺された男を盾として使い、敵の剣による一撃をかわした。やがて、わたしの盾になった、赤服を着た男は切り裂かれて死に、その魂は山の頂上にある、かれが住む場所に、音とともに昇った。それから、黒服を着た男と決闘を戦い、神の助けもあって、わたしの剣の刃でかれに触れることができた。かれはひどく切られて死に、その魂は大きな音とともに去っていった。黒服を着た女の魂と赤服を着た女の魂は、かれとともに去っていった。そのとき激しい音を立て、各自の魂が山の頂上に送られていった[20]。

　Chiwashpet の女が、わたしのそばに降りてきた。みると少しの傷も負っていなかった。雲が消えると、松の木が聳える美しい丘が見えてきた。木々のなかでも松の木は美しく、大きい。ほかにも小さな樫木がみえるが、それらもやはり美しい。間違いなく、ここは Ukamu-nitai と Kane-nitai と呼ばれるところである[21]。だが、風が吹き抜けると、木々が出す音は金属音のようであったので、ここは低い神が住む家であるとおもった。途中で、いきなり火が焚かれている匂いがした。この匂いはどこからするのか、木々のあいだを通り抜けて、それが何であるのかをたしかめにいった。まわりを見まわすと、燃やしたばかりの大きな火柱が見えた。それは明るく燃えていた。火の片側には六人の醜女と一緒に六人の男が石の鎧に身を包んでいるのが見えた。火の向こう側にいるのは、金属の鎧を着た六人の王であり、あぐらをかいて座っていて、六人の醜女は男の傍に並んで座っていた。火柱の上の方には、腕と

脚が山のように大きい人が座っていた。肌の色からすると男のようであったから、きっと男であるに違いない！　かれの剣には、革紐で縛って舟の形をした頭蓋骨が見える。顔は地滑りによって土が削られたような容貌をしていた。とくに鼻は突き出た山脈のようだった。わたしははっきりとわからないが、この男は Eturachichi[22] と呼ばれる者であるに違いない。かれはひじょうに邪悪な男で、火柱の先に座っていた。これらの人々を見ていると、奇妙な音が聞こえ、大地がゆっくりと前後に揺れ、松の木がちりんちりんという金属の音を出していた。そのなかで、これまで考えられない光景を見た。それは大きな松の木の頂上に縛られた男を見たのである。かれは顔を空に向けて、振り回されて、顔から稲妻の閃光を発していた。わたしはその生き物が何であるのかわからなかったが、木の上で縛られて、うごめいているかれは、わたしの兄である巻き髪の男であった。地球を震えさせたのは、かれがもだえたからであった。

　それから、わたしの姉である Chiwashpet の女はいった。

　「わが弟よ、わたしがいうことに耳を傾けなさい。いうべきことがあるからです。あの臆病な男の体を木から降ろすと、戦うときは迷惑になり、障害にもなる。体を持って逃げるならば、この戦いを一人だけで戦うことになろう。」

　そうすると、火のそばに座っていた、金属の鎧をつけている六人の王は、次のようにいった。

　「わたしたち六人は、Kanepet[23] の住民であり、女たちは六人の姉妹である。今日、この山に来たとき、この臆病な巻き髪の男が、戦さをしているなかで、自分の土地に戻っているところをみた。最初に会ったときに、かれを殺しておけばよかったのだが、遠く離れた Shipish の土地の叔父たちに知らせなければならなかった。それまでに、この男を松の木に縛り付けておいたのである。いま、Shirarapet[24] の六人の王は、姉妹とともにここにいることにした。あなたは神であるのか、また知らない男であるのか知らないが、ここに来て、巻き髪の男のすばらしい体を Shipish の人に与えよう。そうすれば、かれら

は喜ぶであろう。」

　それから、火柱の先に座っていた男がはっきりした声で話した。話したことを人間の言葉に訳すと、こういうことである。

　「わたしの国の名前は Pon Moshiri kotan[25]といい、その国では Eturachichi と呼ばれている。いま Shipish の人に巻き髪の男を与えよう。かれらは喜ぶであろう。」

　このあいだに、姉は松の木の頂上まで急いで登り、巻き髪の男を結んでいる紐を切った。これをみて、残忍である悪い男たちは一斉に態度を変えた。男たちは姿が見えない空気になって、囲炉裏のそばに座っていた悪鬼たちに一気に襲いかかった。一撃で三人の男と三人の女を切り倒し、さらに一撃を加えて、石の鎧を着た三人の男を殺した。Eturachichi の背中を一撃したが、かれはたちまちに空気になって、わたしの剣の周りから逃げ去っていった。かれは大いに驚いて、

　「おまえは松の木の頂上に吊るされて死んだ男だとおもったが、わが友人を殺した。お前は剣で戦って殺す価値などはない。だから、ここから Shipish の人が住む危険な国に連れて行こう。そうすれば、かれらは恐ろしい状態になるだろう。」

　話しを終えると、わたしたちは山の頂上で戦いをはじめていた。そこに姉がやってくる音が聞えた。姉はわたしの側に降りてきて、

　「汝の兄である巻き髪の男のからだを Shinutapka の町に運んだ。そこに着くとすぐに、要塞で兄と汝を育てた妹と会った。そのとき弟を抱きしめ、家に連れ戻してから、かれの生命と力を回復させた。こうして、汝のところに戻ってきた」といった。

　姉が話し終えると、六人の女が襲いかかった。なんと女たちが勇ましく戦ったのか！　大きな海峡では、六人の女が姉を襲ってきた。さらに山のいたるところでも戦った。六人の男たちは Eturachichi とともに、激しくわたしを襲ったので、何度も殺されかけた。しかし、わたしは人間の姿から、かれらが見えないように空気になって、かれらの剣の上に逃げた。

　このように戦っているうちに、美しい小さな水路が見えてきた。この川は
ひじょうに長く、河口は近くにみえ、高い山にある源流は低く、遠くの丘に
ある。川に沿って、急激な峡谷があり、これらはきっと断崖になっているの
であろう。この峡谷の底には多くの石の槍と剣が立っていて、その剣先の周
りには、有毒な液体が流れ落ちていた。この有毒な液体の臭いによって死に
そうになった。その土地の領主が一気に、われわれをこの渓谷に追い込んだ
のである。そうしたので、かれらの剣の上に逃げていった。

　「わが王たちよ、これらの渓谷と断崖の持ち主たちに、わたしはいうべき
言葉があるから、注意をして聞くがいい。わたしは一人の人間でしかないの
で、たとえ殺しても、あなたがたみなが飲みほすだけの十分な血の酒[26]はな
い。そうだから、わたしのあとについてきなさい。Repun[27]の人の群れであ
れば、多くの血の酒を飲み干すことができるであろう」といった。

　そして、あらん限りの力を出して、かれらを渓谷に押し込むために急に襲っ
た。しばらくして、石の鎧をつけた長老が谷底で倒れていた。長老の体をた
たくと、野菜を煮込んだときのように粉々に崩れた。かれの魂は音とともに
去っていった。

　さらに激しく戦いを続け、金属の鎧をつけた、もっとも強い者を断崖に引
き込んだ。かれを倒して殴ると粉々になって散っていった。また、そのあい
だに他の連中を一度に一人ずつ渓谷に押し込み、殺していった。かれらは一
人も生きてなく、それぞれの魂は音とともに地獄に落ちていった。このよう
にして、六人の王たちはみな殺され、Pon moshiri の Eturachichi だけが残っ
た。かれはわたしに襲いかかってきた。戦いは激しかったので、傷を負わな
いで逃げることは、とてもむずかしかった。それから激しく戦い続けて、わ
たしは力強く、かれを剣で切り倒したが、それでもかれはどうにかして空気
に変って逃げたため、なかなか殺すことができなかった。このようなことが
ながく続いたあと、かれは人間の姿になり、身に着けている剣を側に置いて、
「さあ来い、勝者は剣だけで戦うのではなく、強靭な肉体で戦うものだ」と
いった。

こういうと、急に向かってきた。しかし、殴られたくなかったので、剣を腰帯に差して後ろに押し、かれに向かった。闘いはさらに続いた。Eturachichi は大きな腕で、わたしのからだを押さえ、ほとんど圧迫する寸前であったが、水が滴り落ちるように、強く押さえていた腕から抜け出ることができた。そのあとも山の頂上で闘ったが、毒のある渓谷に投げ込まれると、風が吹いて、その臭いに耐えられなくなったので、Eturachichi を渓谷に投げ込むことにしようと考えた。かれを石の剣と槍で、徹底的にやっつけて、渓谷に落とした。かれの魂は大きな音とともに去っていった。こうして、わたしだけが生き残った。

「もし怖れて、Shipish の男というだけで判断することをしないで、戦いのなかで家に戻っていたとするならば、人間の心を持っていないであろう」とおもいながら、川を下り始めたとき、わたしの守護神が力強い叫びを発した。

「わたしの守護神よ、そのような叫びをしないでください。Shipish の人々の住んでいるところをどうにか見ることさえできれば、そのあとはわたしが殺されてもかまわない。わたしは Shipish の住人の戦士として戦わなければならない。」

このようにいうと、守護神は遠い山に帰っていった。それから、しばらくのあいだ平和な時がおとずれた。わたしは空に上り、澄んだ穏やかな風に乗っていた。さらに川を下って行くと、海岸に打ち寄せる波の音が近づき、小さな川が海に流れ出ているのが見えた。川の土手に沿って多くの町や村がみえ、そこからでる煙は雲まで昇って覆っている。この町の真ん中には、壮大な山があり、曲がりくねった石を敷いた小道が山頂につながっているのが見える。その頂上には大きくて、とても古い要塞があり、その要塞の古木は黒い空に聳え、新しい木が白い天に突き抜けていた。その要塞の上部には、主人の守護神が震えて座っていた。体からゴロゴロという音を長く出していた。

要塞に入ると、大きな家の戸口まで歩き、割れ目から中をのぞいてみた。そこにはあの Shipish の男がいるのが見えた。かれはいまだ若いのに大柄な男で、顎には少し薄黒い髭がある。かれは暖炉のそばで 跪 いていた。かれ

は前と同じ服をきて、剣をもっていた。近くには若い女も座っていた。いままで姉をとても美しい女性と思っていたが、こんなに魅力的な女を見て驚いた。とくに女の身のこなし方を見ると、たしかに予言者であることを、それとなく表している。家の主人はまるで会話をしているかのように、頭をうなずきながら座っていた。そして、眉毛を上げて、喉の奥からいう言葉を聞いた。

　「わが妹よ、おまえはかなり小さかったときから、ときどき予言をしてきた。さあ予言してほしい。どうして神が今日、雲から出ている音をとても不思議におもっているのか?　それを聞きたい。」

　男がそのように話すと、女は儀式に使う髪飾りをつけ、足で大地を踏みはじめた。それから、女は低い声で予言し、楽しそうな歌をうたった。

　「戦いは、突然にわれわれの川の源流に向かった断崖のところで生じた。Shirarapet と Kanepet の住民からなる戦士が見え、Eturachichi の住民が Yaunguru の住民と戦いをしている。いまかれらはどちらも大きな損傷を受けている。みなが東に向かって、ともに戦っている。Repun[28]の人の戦士が護衛を破って、西に向かって進んでいる。Yaunguru の戦士[29]は雲一つない東に向かっている。　そこに小さな Kesorap[30]のような人が、われわれの小さな河口に向かって、空を横切っているのがわかる。これまでこんなに多く揺れているのを見たことがない。だから、その状況について予言するには、自分はもっと集中しなければならない。小さな Kesorap には雨が大地にしみこみだしている。いまふたたび小さな Kesorap になると、河口に向かってやってきている。悲惨な戦いが突然、町で起こり、人々がたちまちに殺され、その場所は荒れはててしまう。そのあと、Yaunguru の戦士と兄の戦士の戦いが始まる。かれらはどちらも大きな損傷を受けている。かれらは真っ白な雲のある東に向かい、いまもともに戦っている。わたしは兄の戦士が護衛近くでとんでもない音をたてて崩れ、二つの大きな傷を負っているので、失われることを恐れている。Younguru の戦士は東に向かっている[31]。このように見てくると、光はわたしの目の前から消え、あたかも悪事を予言しているかのよ

うに感じる。」

　女が話すと、家の主人は怒りを顔に表していった。

　「わが悪い妹よ、いまいったいろいろな邪悪なことは、嘲笑されるだけにふさわしい。わたしは男たちとは戦わないが、誰も神と戦うことを喜ぶものはいない。わたしは Repun の土地の悪い連中は、生涯を通じてポイヤウンペと戦ってきたと聞いているが、わたしは平和を望むので、いつも平和ということで話しに来た人々にはいつも会う。たとえ予言が神からのものとしても、わたしと悪い妹を傷つける意図で届けられる」というと、女は涙を流していった。

　「わたしの兄がいまいうさまざまなことは馬鹿げている。兄はわたしが嘘を予言したとおもうのであろうか？　どうして、そうしなくてはならないのか？」

　そういうと、わたしは風のように、戸口をすり抜けて、屋根を支える柱の上に渡された梁に乗った。この梁に沿って、強い足取りで歩き、この大きな家の屋根を激しく震わせ、垂木を揺らせたので、壁がきしむ音を立てた。このすばらしい大邸宅は、すべての宝物を備えていた。家の主人はおおいに恐ろしくなって震え、小さな家の神々とともに大きな叫び声をあげた。この騒々しい音を聞いて、主人は驚きながら、あちらこちらと見渡した。しかし、女はまったく動く気配をみせなかった。それから、わたしは梁から囲炉裏の先端に降りてきて、主人の頭の髪を摑み、はじめにこっち、つぎにあっちと向けさせた。そのあとに主人がいった。

　「いいか、Shipish の男よ、どんな勇気があるといったのか聞いてみたい。いまいったことをくり返してほしい。どうして善良な巻き髪の男がとらえられ、大きな松の木に縛られたのか？　Kanepet と Shirarapet の人、また Ponmoshiri の Eturachichi と戦ったのは復讐することにあったのか。この戦いが激しくなったので、Shipish の男たちの勇気がどのくらいあるのかを試してみたい。たとえ、かれらと話をしたとしても、平和の言葉を耳にすることがないだろう。だから、われわれは戦士として戦わなくてはならないのだ。そ

れはわたしたちが互いに殺しあっても、死んだあとはより幸せになるためである。さあ、わたしに対して最善を尽くしてほしい。」

　わたしがいうと、女は窓から飛び出し、泣いていた。そして、信念を強めた声でいった。

　「兄よ、あなたはわたしが嘘の予言をしたといったが、わたしがいったことで、どれが偽りであるのか？　わたしはその国の人によって、囚人として連れ去られた。さあ助けてほしい。」

　女がこういうと、家の主人は剣をもって襲いはじめた。かれはひじょうに激しく襲ってきたので、窓から出るまでに、二十回ほどわたしは攻撃された。これによって窓から出るのはとても難しくなり、窓から後ろ向きになって下に落とされた。そう、かれはとても真剣になって向かってきたので、床に落とされてからも、さらに何度も攻撃された。このあとは、わたしたちは鳥のように、家の屋根裏をあちこちと飛び回った。ついに、この勇敢な主人の顔にははっきりと怒りがあらわれ、激怒して叱った。

　「汝は悪い妹で、わたしを思いとどませるために予言をし、邪悪な生き物であるから殺す！」

　かれがこのようにいうと、激怒して妹を襲い、わたしたちを激しく攻撃した。彼女を盾として、わたしの前にかざしたが、それでもかれが襲うことをやめなかった。女は恐ろしくなって、わたしの腕にしがみついてきた。腕をすり抜けると、いまは下、こんどは上にいる。女は好機があるとみると、主人の上品な顔に足をおき、頭を後ろの方に押し、あるいは首を後ろに向け、頭を前の方に押したりした。しばらくして、女はやさしい声で話した。

　「あなたがここに来ることをすべて知っている。実際に兄の気を弱くさせるために予言した。だが、わたしを失望させてしまった。わたしは古くなった 筵 と同じように、使う価値がないけれども、あなたの戦いに加わって助けたい。」

　このように話したが、女は失望してしまったので、囲炉裏の先端に落ちてしまった。しかし、立ち上がると、胸から短剣を引き抜き、兄を激しく襲っ

た。

「悪い兄よ、あなたはいつもわたしの予言を信じていなかった。いま、この勇敢な男とわたしを殺したいとおもっているなら、この男を助けようとおもう。悪い兄よ、あなたはすべての力を出して戦いなさい。」

彼女がいい終えると、短剣で激しく、かれを襲いはじめた。

これが起こっているあいだに、武装した人々が多く、戸口や窓を押し破り、お互いに踏みつぶしていた。そうなると、かれらを激しく攻撃し、はじめは小屋の端に行き、それからもう一つの端に行った。そこでは大勢の人々が囲炉裏の先端で、互いに踏みつづけていた。

女とわたしは人々を切り倒しはじめた。こうしていると、人々の守護神はわたしの守護神とともに、一斉に大声で叫んだ。その叫び声は、家の頂上から天まで届いた。この音とともに強い風が家の戸口や窓に吹きつけ、床上に吹き荒れると、囲炉裏で燃えている火は、大きな炎になった。しばらくして、家は火につつまれ、家が倒れる前に、みなは急いで外に逃げた。気の弱い者たちはあとから進み、槍兵たちは前方にいて、わたしたちを攻撃しようとしていた。一方、剣を持つ者はただ武器を見せびらかしているだけだった。このあと、かれらに向かって行き、わざと女の腕の中に入り込んだ。こうしたので、かれらはお互いに進んで踏みつづけていた。それでも女は一歩も戻らないで、前かがみになって切り倒していた。

そのとき、山の上空に、長く流れる壮大な雲があらわれた。それとともに神の声が聞こえ、神がわたしのところに降りてきた。神を見ると、それはわたしの兄である巻き髪の男であることがわかった。互いに剣で敬礼をした。このあとかれはどのようにして戦ったのか！　わたしと女の剣の一撃は、かれの影をかすめたにすぎなかった。それは前にある道をいとも簡単に跳び越えたからだ。そして、威厳をもった Shipish の人は怒って、

「汝はひどく悪い女だ、邪悪な男の息子のほうへ行ったほうがよかったのではないか？　このようにわたしたちの関係を駄目にするのに手助けをしている。あなたがしたことに神は罰を与えるであろう。だからわたしがいった

ことを聞け」といった。

　そうすると、女が突然、泣き出していった。

　「いいか、勇敢な人よ、いいたいことがあるから、よく聞きなさい。あなたの姉である Chiwashpet の女は、戦さを周りの多くの村にもたらした。また、Chirinnai という名の遠い国に行った。そのとき、戦さが戦士たちの土地に広がったので、彼女は殺されるであろう。あなたが早くしないと、ふたたび姉を見ることができなくなるだろう。だから姉を助けに行きなさい。そして、巻き髪の男をここに残しておきなさい。かれだけでこの戦さは十分であるからだ。」

　彼女がこういうと、大空に飛んでいったので、剣を抜き、女を追いかけた。このやり方は賢明であった。しばらくすると、女は一、二度、お辞儀をして、急いで前を通り過ぎ、顔を向けていった。

　「汝はたしかに勇敢であり、巧みな男であるが、移動するなかで攻撃されるであろう。さあ、もっと早くいけ」といわれた。

　姉は力をだして、女の前を急いで進むと、海岸沿いにたくさんの村があるのがぼんやりと見えた。これらの村の中心にはとても大きな要塞があり、その上に雲が屋根のように垂れ下がっていて、それが落ちてくる。そうすると、女は「この場所の名前は Tereke-santa と Hopuni-santa という。だが、ちょっとした楽しみがある。だから少し待ちなさい」といった。

　彼女は家の上にある窓に降りたので、わたしもそこへ降りた。じっと見つめていると、とても驚いたことに、かれの膝の上に座って、囲炉裏の左側に座っていた男が剣と鎧を着けていた。目にしたのはなんと美しい人が、かれの傍に座っているのである！　女の美しさに驚いたのは、顔から発した光が昇る太陽の光線のようであり、輝いていたからである。

　そのあとに Shipish の女が入り、この美しい女を捕まえて、窓から去っていった。連れ去られるとき、泣きながら兄に、

　「不思議な国の住民が、わたしを囚人として連れ去った。あぁ兄よ、助けに来てくれ」と呼びかけた。

　これを聞いて、家の主人がわめき声をだして、女を救うために窓から出た。
そこで、わたしはかれを剣で刺し殺した。かれの魂はものすごい音をたてた。
Shipish の女は、若い女の服をつかみ、大きな岩や小さい岩で殴っていた。
これを見て、復讐しようとおもい向かった。だが、向かう途中で、一気に
Shipish の女は若い女を無残に切って殺してしまった[32]。若い女の魂は大きな
音をたてて、天に昇っていった。

　このあと、わたしたちはさらに進み、山の上にぶら下がった。そこはたし
かに前に述べた Chirinnai の国であり、雲はあきらかに戦さでかき回され、
多くの神々が殺され、絶え間ないうめき声を聞いたところである。姉の
Chiwashpet の守護神は、いまや敗北した叫び声を上げていた。こうしたこと
から、進む速さを上げ、到着したときには、姉が恐ろしい状態であるのを目
にした。服はすべてなくなっていて、両腕が二つの穴から突き出ていて、体
は切り裂かれ、背骨しか残っていなかった。

　わたしはいま姉が、剣で二度攻撃を受けて、気を失うが、すぐに正気を戻
して、新たな力をもって戦っていた。そこで、姉のところに行くと泣いていっ
た。

　「いいかい、わたしが育てた汝にいいたいことがあるから聞きなさい。わ
たしはとりえのない姉であった。だから死んだとしても、国や町は征服され
ることはないであろう。しかし、汝が死んだら、国は荒廃することになろう。
だから、敵を完全に散らし、かれらから早く逃げなさい。姉がいなくなった
ほうがいいのだ。」

　このあと、わたしは周りにいた敵を襲撃した。Shipish の女は、前と同じ
ように不思議なことをしていた。人々を筵の上に置いていたのである。死体
は国中に散らばって溢れていたので、かれらに触れないで歩くことはできな
いほどである。そのとき、姉が地面に真っ逆さまになって落ちていくのを見
た。十本の槍が姉に突き刺さっていたのである。しかし、かれらが攻撃する
前に姉を奪ったが、このとき、わたしもひどい傷を負っていた。そして空に
向かう姉に手を振った。

「おお、わが父よ、汝に献酒を捧げよう。そして、Chiwashpet の女を見守っ
てくれるために、献酒を捧げよう。なぜなら、わたしを大切に育ててくれた
姉だからだ。姉は殺人鬼の娘であるといわれているが、どうか姉を許してほ
しい。」

　わたしが話し終えて、姉を両手で抱いているあいだに、姉は新しく生きか
えって女神になり、大きな音をたてて、Yaunguru の土地に行った[33]。

　ところで、Shipish の女とわたしが戦いを終えるために残っていた。わた
したちは Chirinnai の土地を完全に破壊し、荒廃させた。目に涙を浮かべて
いった。

「いまや Chirinnai の人々の王がいなくなった。西の方に住む、湿った悪い
天候をもたらす悪魔が、この国を妹と支配するであろう。さらに多数の
Kuruise[34]の悪魔が、Chirinnai に来て、西部を統治し、ひじょうに激しい戦さ
をわれわれとするであろう。それから生き抜けるかどうかはわからない。こ
の Kuruise との戦さのあと、悪く湿った天候をもたらす悪魔と戦うであろう。
女は一人で戦っているので、あなたは男と戦わなければならない。男である
あなたは、悪い天候の悪魔を殺さなければならない。わたしは女なので、悪
魔の妹と戦うであろう。わたしは価値のない予言者であるが、彼女をきっと
殺すであろう。あなたがたは一生懸命に戦わなければ、これらの悪魔によっ
て、目の前で殺される。そうなると、あなたの栄光は高まらないであろう。」

　彼女がこういうと、黒い霧が Chirinnai の地の西[35]に発生した。たちまち、
その霧がわたしたちの上に現われ、まるで暗い川の土手の下にいるようであっ
た。このあと飛んでいる鳥の多くが、わたしの周りで音を出しているのが聞
こえた。鳥がわたしの体に降りると、嘴で肉を引き裂きはじめたので、痛く
て声を出さなければならないほどであった。そこで、剣でガチャガチャと音
をたてて追い払った。夜か昼かわからず、黒い霧の中で鳥は食べつづけてい
た。しばらくすると、服がむさぼられ、両腕が袖の穴から突き出て、背骨だ
けが残っていた。戦っているあいだ、なんども気を失ったが、正気に戻ると、
黒い霧が消えていて、天気が良くなっていた。しかし、一体どんなものと戦っ

ていたのかわからなかった。

　そうすると、shipish の女が現われ、わたしの体に息を吹きかけると傷がすべて消え、とても元気になった。それから、その女は同じように、自分に息を吹きかけると、女の傷もすべて消えていた。わたしの衣服は、なぜかいま持っているものと比べると、古い着物で、赤子の服[36]のようであった。

　ふたたび湿った霧を見ると、天候が悪くなり、Chirinnai の西に向かって陸と海へと広がっている。このような悪い天候が、わたしのところにやって来た。すると、男が現われた。男は裸でたくましい体であった。顔は土地が滑り落ちた断崖のようで、腕と脚はまるで山であるように見えた。この男の腰帯に差した剣は舟の櫓のように見えた。そこに陸と海の動物の皮に身を包んで、革からできた鎧を着た女が現われた。この女は Shipish の女の横に降り、手には大きな短剣を持って前に置いている。これをみて、Shipish の女は、激しく攻撃し、恐ろしく一撃で女を襲ってしまった。そうすると、裸の男が必死になって、やって来た。わたしは死ぬことを望まなかったので、空気に変身し、攻撃から逃げた。そのあと、わたしは攻撃をしはじめたが、こちらの攻撃は少しも影響を与えなかった。何度も激しく襲ったが、何の効果もなかった。こちらが強いという印象を与えるのは、なかなかできなかった。かれの鎧の留め具が、どこにあるかをまもなく発見し、こちらは留め具を切断することだけしかなかった。やがて神の助けもあって、鎧を固定している革紐を剣で見事に切ることができた。そうすると、かれは干し魚のように、身を広げたまま海に投げ出された。そうしたら鎧から驚くべきものが出てきた！その鎧のなかには、大きな人がいるとおもったが、かなり小さな若者が出てきた。驚くなかれ、見たことのないような上品な男が現われたのだ！　かれは美しい服を着て、腰帯には立派な剣を差して、話しかけていった。

　「おぉ、ポンヤウンペよ。驚いたことに、汝は人間であるにもかかわらず、わたしの鎧を壊した。これは多くの神々であっても、壊すことができなかった。このようにしたからには、こちらも鎧なしで戦うことにしよう。たとえわれわれが殺されても、名声は世界中に広がるに違いない。さあ、肉体だけ

で戦おう。」

　こういっても、かれは剣を抜いて、はげしく攻撃してきた。だが、こちらはみずから空気に変身したので、かれが剣で襲ってきても、口笛を吹くだけだった。こちらも襲いかかった。戦っていると、神の助けがあったおかげで、かれを切り倒すことができ、体を粉々にして、海に落とすことができた。魂は音とともに去っていくと、空気は澄みはじめた。

　少し離れたところで、Shipish の女は悪魔の妹と戦っていた。鎧を強く叩いて攻撃をしても、何の効き目もなかった。それでも、屈服する気配がないので、戦いは続いたが、女は突然、ひどい傷を負い、大量に出血していた。そこで、かれらのところに行って、革の鎧をみて、その留め具がどこにあるかを注意してみた。そして一撃で革紐を剣で切ることができた。神の助けもあって、剣が留め具を突き刺し、大きな音がした。それから、鎧は干し魚のように海に広がって飛んでいった。その中から若い女が現われてきた。Shipich の女は、これほど美しいのかとおもった。だが、その女は悪天候の悪魔の妹で、美しい顔をしていた。女はとても驚いていった。

　「おぉ、ポンヤウンペよ。汝は人間に過ぎないのに、神々ができなかった、わたしの鎧を壊した。神が鎧を着ていないときは、心は穏やかである。たとえわたしを剣で切ったとしても、死んだあとは幸せになるであろう。さあ、Shipish の女よ、力を出さなければ、殺されるであろう。」

　Shipish の女は、彼女を罵っていった。

　「この悪い女がいった、さまざまなことは馬鹿げたものだ。女が鎧もなしで、一緒に戦い、がんばってみても、両方が殺されて、その名声は死んだあとに、海外に広まるだろうか。神のようなあなたが、さらにさまざまな陸と海の動物の革で作られた鎧を身に着けているから、あなたに危害を与えることはできない。どんなに頑張っても、ただ襲うばかりであった。どうして、あなたを殺す気などなかったというのか」

　このようにいうと、悪い天候の悪魔に激しく襲いかかり、立ち上がろうとする前に剣で刺すことができた。彼女の魂は大きな音をたてて東の方へと去っ

ていった。

このあと、Shipish の土地の若い女はいった。

「巻き髪の男が、Shipish の人と戦ったあと、Shipish の人は敗けて殺された。かれは勇敢に戦って死んだ。いまは神となって神々の地に行った。地球上にはもういない。これですべてが終わった。ところで、わたしはひじょうに価値のない生き物であると知っているから、あなたの手で殺してほしい。それというのは死んだあとは、いまよりも幸せになりたいからだ。もし殺さないのなら、わたしに同情し、あなたの家に一緒に行かせてほしい。そうすればあなたに仕えよう。さらに、新たな戦いの危険にはしらないようにしてほしい。あなたの家に行きたいのは、多くの戦士を休ませたいからだ。どうか、このことを求めるのを好意的にとらえてほしい」と話した。

このあと、わたしたちは国の海岸に着いた。二つの国に風で運ばれたので、たちまちに Tumisaupet と Shinutapka に着いた。そこで父の古い家が目にとまった。わたしたちは海岸に降りて、要塞へ通じる小道の入り口に立った。「巻き髪の男と Chiwashpet の女は、もう着いているか？ それともまだ着いていないか？ もしかれらがまだ着いていないなら、すぐに Repun の人の国に戻る」といった。

このように話すと、声がした。

「巻き髪の男はここにいる。戦いから戻ったばかりだ。Chiwashpet の女も、われわれのところに着いている。神々が赦してくれた」といった。

それから父の要塞に行くと、兄が家に帰っていて、戦さを終えて、休んでいたのに気がついた。予言者であり、かつてないほど美しかった Chiwashpet の女もそこにいた。ここで思いがけなく、兄とわたしを育ててくれた姉と出会った。われわれは互いに挨拶をした。このあとは、どこも行かずに家にいた。ところが、ある日、兄の Yaipirika がいった。

「わたしはたしかに悪い兄であったが、しかし、汝と友情をもつまでになっている。なんと Chiwashpet の女よ、あなたは弟を憐れんで育ててくれた。戦っているあいだ、Shipish の若い女はかれを助けたので、かれはいまも生

きている。このことすべてに感謝している。ところで、巻き髪の弟よ、Chiwashpet の女と結婚するといいであろう。」

　ふたたび振り向いて、「わが弟よ、いうことがあるから聞きなさい。Shipish の若い女は、汝のために戦うことで、多くの苦しみをもってきた。いま女を妻として連れて行くならば、一生涯にわたって、戦さのなかでもお互いを守ろう。さあ、同意してほしい。わたしの兄弟たちは戦さのなかで育てられ、とても厄介な時代に、神酒を作ることができなかった。だから、いま少しだけ醸造し、近縁や遠縁関係にある人々をみな呼んで、宴会をしよう」といった。

　こういうと、かれは巻き髪の弟や兄に敬意を払い、わたしと一緒に急いで駆け寄り、倉庫から六袋の黍を転がし、六つの漆塗りの桶で神酒を醸造した。数日過ぎて、家全体が神酒の匂いに包まれた。醸造が終わると、使者が人々を宴会に招待するために送られた。客の中には、Shishiripet[37]からの人と妹がいて、また Iyochi からの人と妹もいた。挨拶が終わると、かれらはおいしい神酒に満足し、眠る時間を惜しんで、神酒を飲み続けた。しばらくして、Iyochi の人がいった。

　「さあ、さあ、あなたが好都合になるようなことをいうので、注意して聞いてくれ。わたしは妹とかなりのあいだ暮らしていたので、いまだ妻を娶っていない。そこで、あなたに妹を妻としてさしあげたい。その代わりに、あなたの妹をわしに与えてほしい。」

　このようにいうと、弟は喜んで同意してくれた。しばらくして、たくさんの宝物と一緒に、妹を Iyochi の人の家に連れて行った。それから、Iyochi の人は妹を兄に譲った。かれらは結婚して、いつも一緒に暮らすことになった。そのあと、巻き髪の弟は Chiwashpet の女を連れ、わたしは Shipish の女を妻として連れて行った。われわれはそれからもずっと一緒に幸せに暮らした。

**原書注釈**

1　サハリン島のどこか人里離れた場所にあるといわれている。

2　「姉」という語は、この人がわれわれの英雄とそのような関係にあったと意味するとはかぎらない。実際に里親はまったく関係がなかったとわかる。言葉はただ愛情を表わすのであり、いまでもアイヌの人がときどきそのように使っている。

3　ここで「とても多く」と訳されている言葉は、アイヌ語では「二、三」のことである。これは、「強度」または「大きな数」を表す成句である。したがって、アイヌの人が「かれは一、二度打たれた」というときは「かれはひどく叩かれた」という意味になる。また、戦いで「二、三人」の男が殺されたというときは「多数」の人が殺されたことを意味する。

4　Yaunguru とは、アイヌの戦士である。

5　「守護神」とは、アイヌの人の考えによると、すべての人は特別な守護神に見守られている。これらの神々は危険が間近に迫ったときに警告を発し、危害あるところから逃げるのを助けると考えられている。

6　われわれの英雄は、アイヌの守護神の叫びを聞いて驚いたことを表している。これはかれが異国の地にいることを思いだすときは当然なことである。かれがカラフトまたはサハリンにいることは以下に後述されている。

7　古代、アイヌの戦士たちの要塞と本拠地があったといわれる、蝦夷島にある山の名前である。

8　ここでいう巻き髪の男は英雄の兄弟である。

9　「満州の統治者」という言葉は、説話にはないが、彼らの祖先が敬意を払った人を尋ねる探求者に内密に食料を供給している。古代のアイヌでは、毎年満州に行き、その国の統治者に敬意を払い、その途中にはサハリンを通った。かれらはまたとくに日本の人と戦争しているなかで、満州の人と当時は商売をしていた。おそらくアイヌはひじょうに古い時代に、満州の支配下にあったのであろう。

10　これらのイナオは、ただ平和の象徴であったかもしれない。それらは削られた木の断片であり、いまでは神への供物として使われている。

11　説話では神酒が本当に毒されていたかを示すつもりはないが、そのこと

がわれわれの英雄の父に悪い影響を与えた。

12　これらの名前の意味はたしかではない。由来からすると「国の中央を流れる小川」か「村の後ろにある小川」のいずれかを意味するが、前者の由来が好まれる。

13　すなわち、かれの子供っぽい衣服。

14　アイヌの人の考えによると、人々に病を与える特別な悪魔がいる。この悪霊の首長は天然痘の悪魔であると考えられている。

15　原文は、「わたしが以前に会った者は、これまでの赤子だった」。

16　アイヌの神聖な数か完全無欠な数をいう。

17　ある人に向かって小指を指さすのは、たいへん侮辱することであると考えられている。

18　ときどき「かれをパンケーキのように平らに打ち負かした」といわれるのを聞くかもしれない。

19　すなわち、かれの住まいがある山。

20　アイヌの人によると、神は殺されないという。だが、かれらが戦いに敗れると、自然の住いに戻っただけである。

21　Ukamu-nitai は、「空高く木が繋がっている森」を意味する。そして、Kane-nitai は「美しいこと」あるいは「金属の森」を意味する。

22　Eturachichi は、「鼻を垂らしている」を意味する。かれは鼻があまりにも高いので、そのような名がある。

23　Kanepet は、「金属（美しい）の川」を意味する。

24　Shirarapet は、「石（美しい）の川」を意味する。

25　Pon Moshiri Kotan は、「小さな国の町」を意味する。

26　この過激な国の住民は、戦いで殺した人たちの血をかつて飲んでいたとアイヌの人がいっている。

27　Repun は、サハリンまたはカラフトに対するアイヌ語といわれている。

28　Repun はすなわち、カラフトやサハリンの人をいう。

29　Yaunguru はすなわち、われわれの英雄のことで勇敢なアイヌの人をいう。

30 Kesorap は、いまは絶滅した鳥の名前といわれている。ただし、ここでは
われわれの英雄をいっている。

31 すなわち、アイヌの英雄は彼女の兄に勝った。

32 アイヌの人の考えでは、背骨を切ることをしない。老人を殺すことは、
まったくできないという。

33 この考えは女性に手を振ることで、手のなかに彼女の魂が戻り、彼女が
Shinutapka で、われわれの英雄の家に行った。

34 これらの Kuruise は、ある種の昆虫か小動物であると考えられている。

35 東は神の住まいと見なされているように、西は悪魔の特別な住まいであ
ると考えられている。

36 すなわち、かれの同志が用意した衣服は、かれが前に持っていたものと
比べると、とてもよく、美しいものであった。

37 これは現在のイシカリペッと呼ばれる川の古名である。Shishiripet は
「大きな河」を意味する。

# 10　オオカミ神の妹が妻になった説話

　姉に賢しい子になるように育てられ、いつも家にいました。

　鉄[1]と木の梁は、さまざまな色で塗られ、鉄の梁の上には、刀と槍の絵が飾られていた[2]。夜になると、この剣と槍の絵は生き神となり[3]、目がくらむほど光った[4]。これら武具が明るく、鋭い光を放つと、暗闇のなかの家の内部を照らした。

　このようななかで、国後と Shumashiri[5]から来た人は計り知れないほど勇しく、軍人のように戦いを続けた。このことに、とても怒りを感じて、眠れなかった。

　あるとき、姉が二日間分[6]の料理をつくった。このあと、姉はわたしを寝着[7]で覆い、ぐっすりと眠っているとわかると、立ち上がって、剣を身につけた。それから、国後と占守に向けて出発した。

　しばらく行くと、かなり小さな水路が、目の前に開けていた。それでわたしは河口に来て、霧がかかった小さな山[8]が海波に映った。丸太に座っていると、アイヌの女性が白い服を着てあらわれた。小さな女性は伝言文を持って来たように見えた。その女性に話した。

　「いいかい、わたしは勇敢な武士であるから、話し終わる前に、早く話す人とは話しをつづけるが、話しが遅い人は剣で切ってしまった。だから早く話すのがいい。」

　小さな女性に話すと、とても震えていた[9]。衣服の袖で恐ろしさを抑えるために袖を噛んでいた。

　「この小川の源泉に血縁関係[10]をもつオオカミ神がいる。わたしはその妹であり、送られた国後と占守の人たちは、とても勇ましい人であるから、神も人も近づけなかった。そこに一人で行けば、悪いことが起こるだろう。わが妹は貧しく、価値のない生き物であるが[11]、あなたに授けるようにしたい。そうして、ここからいま去っていこうとおもう。兄がわたしをここに送った

のは、このことをいうためである」と話した。

　そうすると、これを聞いて怒り、剣で激しく襲いかかり、女を殺してしまった。女は天に昇っていった。その魂は大きな音をたてて、去っていった。だが、男のような影が側に現れた。それは間違いなくオオカミ神であった。顔には怒りの表情が見られた。そして、次のようなことをいった。

　「若いアイヌの兄弟が、このように怒るのは笑いものだ。妹を届けてから述べた言葉に、一体何が適切でなかったのか。しかも、突然に妹を殺したではないか？ おまえが求めているのが死であるなら、妹を殺したのと同じぐらいはやく殺そう。」

　そういうと、剣で襲いかかった。しかし、殺されることをまったく望んでいなかったので、風に変身し[12]、振りかざした剣に飛び乗り、同じように攻撃した。だが、立ち上がったときに切られた。かれの魂はすごい音をたてて去っていくと、新たな男になって[13]、小さな川の源流に向かって、山を巡っていた。こうして平和が訪れた。戦いが終わると、急いで歩いたことから、またたくまに国後と Shumashiri に到着した。国後に到着すると、土地のあちこちで激しい戦いをした。この戦いを片手でやったとしても、毎日、服が引き裂かれると、服がぶら下がったようになる。

　遠くにみえる山の頂上には、強い風[14]が吹き、影が発生した。それらは神々の大きな一団であって、接近してくる音がした。ついにわたしが戦っていた場所にやってきた。大風が吹くときに何かが飛んでくるのは、やはり神なのである。家にある鉄の梁に置かれた槍と剣は本物となった。神がやって来ると、国後と Shumashiri の人々との戦いは、一瞬にして国土をまたたくまに廃墟にしてしまった。戦いが終わると、槍と剣が空に舞い上がり、強風の前に来たのと同じように去っていった。家に帰るため進むと、強大な風に乗った多くの神々が現れた。風の上から神からの声がした。

　「いいか、わが子よ。いいたいことがあるので、注意を払いなさい。われはポンヤウンペである[15]。怒りに燃えて、Shinutapka の家を出たが、地上では戦いばかりしている。近づいてみると、石の間で泣いている若者の声が聞

こえたので、何事であるかを見に行った。泣いているのはやはり若者であった。

　オキクルミ[16]はアイヌの土地の中心部の支配者である。かつては悪魔たちと戦い、かれの部下がみな殺された[17]。それは悪魔が多数いたからだ。オキクルミの妻は子供を背負い、夫が死んだことに対して復讐したが、殺されてしまった。彼女が連れてきた小さな子は衣服に包まれ、石の中に置かれていた。復讐したために、家で姉が育てたとき、オオカミ神の妹がやってきて、アイヌの中心部を治めた。いまも理由もなく、国後と Shumashiri が戦っているが、オオカミ神と姉がどんな悪いことをしたのであろうか、またすぐに殺すべきだったのであろうか？　このことで腹を立てているが、姉は捕らわれの身になって、連れて行かれた。姉はいまも連れ去られたままだ。ただこれらの剣と槍は、あなたの年齢と同じくらいの数があり、そのいくつかはあなたの長老のものもあり、あなたの友人や親族のものもある[18]。」

　ふたたび怒り、激しく泣いて、妹を呼んだ。泣きながら、「どんなに泣いても妹をあなたのところに連れて行くことはないだろう」といって、顔を拭いた。家に着くと、妹と彼女が持っていた家具や装飾品などのすべてが、消えてしまっているのに気がついた。

　ある日、誰かが話しているのを耳にして驚いた。そこで話しているのは殺したオオカミ神とその姉であった。かれらはとても大きな包みをもっていた[19]。このあと、かれらは使用人として家に留まることになった。槍と剣の絵は夜になると生き返り、戦いをしている。そののち、オオカミ神の妹と結婚して一緒に住むようになった。


**原書注釈**

1　ここで訳された「鉄」という語は、もともとは kane である。アイヌの人は、また kani と発音している。kane が「鉄」よりも「美しい」という語であるかどうかは疑わしい。したがい、「美しい木からできた梁」と読む必要がある。

2　「飾られた」という charuwatore とは、「きちんと置く」または「輪を描いて置く」という意味である。ここで語られている「槍」や「剣」は絵であり、本物ではない。今日アイヌの小屋にときどき見られるが、梁の上にきちんと置かれているかどうかはわからない。

3　「生き神になり」とは、本物になってあらわれ、戦いのためにひそかに稽古を夜に行っただろう。

4　「目がくらむほど光った」と訳した arutam は、雷の光のような「閃光」を意味するのに適しているとアイヌの人はいう。kochupuchupu は、「目を瞬く」という意味である。ここでいう閃光とは槍や剣の稽古をするとき、打ち合うことで起こる。

5　国後と Shumashiri は、蝦夷島の北東の島である。

6　「二日間分」とは、「多くの食べ物」または「とても大きい食べ物」をいう詩的表現である。

7　「寝着」は、アイヌ語で hotke kosonde という。kosonde は日本語の小袖であろう。キルトから作られた絹の衣服、また hotke は「寝るために横になる」という意味なので、hotke kosonde とは、「寝着」または「寝床の着物」となる。「うまくやる」こともアイヌ語では kosonde というが、おそらくこの語は、英雄が人々の首長であったことを示すために使われている可能性が高い。しかし、アイヌの人は kosonde が何であれ、kosonde は実際に使われている語であると主張している。

8　「霧がかかった小さな山」と訳される urat または urara は、「霧」の意味である。tapkop は、ただ孤立した山か丘をいう。または、孤立して立っている山となる。「小さな山」のように見えた「霧」は、後に見られるように、アイヌの女性であることがわかった。

9　「とても震えていた」というのは、アイヌの言葉では、hottoro kata kotususatki といい、直訳すると「彼女の額に震えがみえた」となる。これはたいへん恐れたことを表現するために使われる語句で、「彼女の額は、恐怖のあまり心が揺れた」となる。

10 「血縁関係」と訳される iriwak は、自分の血縁のことであり、遠い関係は iritak と呼ばれる。

11 「貧しい、価値がない生き物」という shirikasak は、「貧困者」という意味である。また「悪い」、「価値がない」、「醜い」ともいう。オオカミ神の妹が英雄として、まったく値しないということの意味である。しかし、妹に多額の持参金または結婚の持参金を与えることで補っている。アイヌの人が結婚したときに、花嫁にいくらかの持参金を渡すのが慣習であった。

12 Peken' rera ne は、「明るい風になった」ということである。アイヌの人は自分たちの祖先は空気に変わることで、目に見えない力があるといっているが、わたしたちの英雄はみな、ここでいいたいことは、自分を狙った剣の一振りを逃れるために急いだということである。

13 「新しい男になった」という pito はアイヌの説話でよく使われる語で、日本語の hito つまり「人」から来ているようにおもわれる。体が解放されたオオカミ神の魂はふたたび新しくなり、山を越えて消えていった。勝利はアイヌの人であった。

14 「強い風」とは、kamui man といい、直訳すると神の風である。

15 ポンヤウンペは、「勇敢なアイヌの人」を意味する。ここでの話し手は英雄として知られ、また実際にはその名声が広がっている、勇敢な人である。ポンヤウンペについては、これ以上の必要な情報はない。

16 オキクルミは、九郎判官義経のアイヌ名である。一二世紀に弟によって蝦夷島に追放されたが、アイヌの人に釣りや狩猟の技術を教えたと祖先がいっている。

17 この説話から、義経は戦っているなかで殺されたことがわかる。殺した「悪魔」は誰であるかは述べられていないが、かれが蝦夷島の住民と確執のあったカラフト・アイヌによって、カラフトで殺されたと聞いている。義経は一人の息子を残したといわれ、またのちの戦いのなかで殺されたともいわれている。

18 「親族」。これまで小屋の梁に描かれてきたといわれている槍と剣とは実

　際には生きている人、または戦士であったと、ここで明確に述べている。
19「大きな包」。上で述べられている結婚持参金。

## 11　なぜアイヌにヘビがいるのか。
## 　　なぜヘビはカエルを呑みこむのか

　つぎの話は古代の物語である。

　ヘビは「食べ物がないから、この国にいることはできない。だから知らない土地に移りたい」といった。

　そこでカエルは「どこかにも行く必要なんてないよ」といった。

　ヘビは「なぜそういうのか？」と尋ねた。

　カエルは、「この国にいて、たくさんの食べ物が手に入らないなら、わたしの足一本を呑みこめば、十分に腹は満たされるよ。だからどこにも行くことなどないよ」と答えた。

　そういわれたので、ヘビはどこにも移動しないで、この土地にとどまった。だが、いまもヘビはカエルをみると、いつもカエルの足を呑みたくなるのです。

# 12　なぜ蝦夷島の西部はとても 荒れて危険であるのか

土地を創造した主は、世界を創造したといわれている[1]。かれと妹は二人で世界を作った。妹が作ったのは、蝦夷島の西部であり、男の神が東部を作った。かれらは互いに仕事で競ったといわれる。ところで、妹は女であったので、おしゃべりをした。仕事をするばかりでなく、Oina の神の妹と意見が合った。こうしているあいだに、男の神はいわれた仕事の部分がほぼ終わりに近づいていた。これを見て、驚いた妹は、ずさんなやり方で、現在ある西の部分を作った。それから、妹はあまりにも急いで仕事をしたため、とてもひどい世界になっていた。このように、蝦夷島の西部は、とても危険なところが多くある。そのように物語では述べている。

**原書注釈**

1. ここでいう世界とは、蝦夷島だけを意味する。

# 付　録
## 『アイヌ昔噺』

# 1 『不思議の国の狩人』

**序文**

　アイヌは蝦夷と呼ばれる島に住んでいる人々です。男はみな長い黒い髭を生やし、狩猟や釣りに時間を費やしています。かれらはとても貧しく、ものをあまり知らない人たちといわれます。しかし、貧しい人々でも、子供たちを愛しています。夜、寝る前、火の周りに座っていると、母親は小さな子供たちに、説話や寓話をよく語ります。わたしは、これらのいくつかの説話や寓話に耳を傾け、今度はあなたたちに英語で語りましょう。それらは新しい話でありますので、これまで聞いたことがない話です。

B・H・チェンバレン

東京　日本　1887年

　むかし、凛々(りり)しい、勇敢な若者がいました。かれは狩猟がとても好きでした。ある晴れた冬の日、雪が大地に残っていたなか、弓と矢を持ってクマを撃つために、山に出かけました。しばらく探し回ったあと、クマの足跡を見つけました。この足跡を追っていくと、狭い谷まで続いていて、やっとクマそのものを目にしました。大きな岩やごつごつした岩、そして木の根を越えて、突き進みました。しかし、クマはずっとはるか前を歩いていたが、クマを撃つ機会がありませんでした。やっと山側の道を、うまく上ったが、突然にクマは姿を消してしまいました。そこに行くと、若い狩人は、そこは暗くて長い、巨大な洞窟の入り口であることがわかりました。ずっと先の端には、ほんのりと光の輝きがありました。かれはもはやクマを見ることができなくなりましたが、クマはこの洞窟を通って、逃げていったことはたしかだと信じていました。

　そこで、クマのあとを追うことにしました。長くて、暗い道を手探りして、何時間経ったのであろうか、洞窟の反対側に出ました。おお！　ふたたび日

の光をみました。しかも、このような昼の明かりを見ることができるのは、なんと素晴らしいことかとおもいました。だが、若者はまだ知らなかったのですが、ここは精霊の地であったのです。そこでは、鳥の目はダイヤモンドのように輝き、カブトムシの翼は金からできているように見え、木の葉は見たことのない色であって、ブドウの実は地球にある、一番おいしい梨や桃よりも、百倍もおいしい味がするようにおもいました。ところが、狩人はこれらのもののどれにも、心を留めることはなく、求めていたものはクマを追うことだけでした。夕食の時間もだいぶ過ぎ、お腹が空いたのを感じたので、木々にぶら下がっているブドウの実や桑の実を摘んでは食べました。さらに、また山に向かって、突き進めば、クマはかならずいるに違いないとおもいました。

　少し疲れて、足が痛いと感じたので、何かが足にくっついているのではないかと、見下ろしました。すると足がなくなっていて、長い尻尾しか残っていないのを見たとき、なんと驚いたことだろう？　実際、かれはもはや人間ではなく、大きなヘビに変わっていました。いまは歩くことさえできず、ヘビが這うように、大地をすべっていました。しかも、この恐ろしいことに気づいて、大声で叫び、うめき声をあげると、それがヘビのシューという音に変わっていました。かれは何をしようとしたのだろう？　このようであったならば、地上に戻ることができないに違いない。それというのは、地上ではヘビが嫌われていて、ヘビに出くわした人間は、かならず殺してしまうからであった。なんらかの計画も練ろうとしたけれども、何も考えることができませんでした。特別に何かをするつもりでなく、精霊の地に入っていく、洞窟の入り口に沿って、からだを這ってくねっていました。そこで疲れ果てて、悲嘆にくれて、背の高い松の木の根もとで、眠ってしまいました。

　それから、夢のなかで、松の木の精霊があらわれて、かれに向かっていいました。

　「わたしは精霊です。こんな悲しく、みじめな状況のなかで、お会いするのは残念です。なぜ精霊の地で果実の実を食べたのですか？　それらは見る

と、たしかにとても美味しいものですが、人間にとっては、有毒なものです。それらのブドウの実と桑の実を食べたため、ヘビになったのです。もしも、ふたたび人間になりたいと望むならば、あなたがしなくてはいけないことは、この松の木の頂上に登り、そこから自分で落ちるのです。それをすれば、また人間になることができるでしょう。」

　この夢から目を覚ますと、若い狩人は、自分がヘビであると知っただけでも、半ば希望をもち、また半ば恐ろしくおもうことで、心はいっぱいでありました。しかし、少しのあいだ考えてから、精霊がいったようにすることに決めました。精霊はとても美しく、とても心優しく思えたので、その女性を愛さざるをえませんでした。結局、最悪のことが起こるならば、秋までには殺されるだけでしたので、殺されれば、有毒な爬虫類の姿で、生き続けるよりはましだろうとおもいました。

　そこで、かれは松の木をクネクネと這って登り、一番上の枝にたどり着き、勇気を絞って、真っ逆さまに落ちました。大きくドスンという音がして、かれは気を失ってしまいました。正気にもどると、木の根もとに立っていることに気づきました。かれのそばには、大きく引き裂かれた巨大なヘビがありました。このことから、かれはこれまで明らかにヘビの中にいたのです。そのヘビからどのようにして這って出て来たのかがわかりませんでした。

　もちろん、かれが最初に考えたことは、故郷でした！　しかし、故郷に帰る前に、松の木の精霊に、自分を自由にするのを助けてくれた、心優しい忠告に対して、頭を下げて、お辞儀し、感謝しました。そのあと、かれは前の日、精霊の地に来たときに、長い地下道のような洞窟を通ってきた道を、できるだけ早く逃げました。数時間歩くと、クマを見失ったところの山の頂上にある洞窟の反対側に着いていました。岩から岩へ飛び降り、谷を駆け下りて、家に着くのに、長くはかかりませんでした。

　その夜は、早く寝ました。それというのは、かれに起きたことがあまりにも多くあったので、疲れていたからです。かれはすぐに眠りに落ちていました。そののち、夢のなかで松の木の精霊が、ふたたびかれの前に現れていい

ました。

「私はあなたが一度精霊の地に生育した、ブドウの実や桑の実を味わった
ので、人間が住む、ありふれた世界に、長く留まることはできないことを伝
えに来ました。」

そこには、美しい精霊がいて、あなたと結婚したいと、望んでいました。
女性はクマの姿をして、クマのあとを追ってきたあなたを洞窟に引き込み、
そして精霊の地に引き寄せたのです。あなたがこの人間の世界を立ち去る決
心をしなければなりません。あなたの決心を待っています。女性が住んでい
る精霊の地が、どのようなところかを知りたければ、その精霊の地について
は、もはや隠すことはしないでしょう。女性の家は、背の高い松の木の一番
上の枝のなかにあります。その女性はわたしにほかならないのです。

翌朝、若い狩人は目を覚ましましたけれども、とても重い病になってしまい、
ついに三日後に死にました。もっと正確にいうと、精霊が夜にやってきて、
かれを連れていったのでした。いま一緒に住んでいる精霊の地へ、色鮮やか
な羽根に乗せて連れていったのです。

かれらの家は、背の高い松の木の上にあります。しかし、鳥の目がダイヤ
モンドであり、カブトムシの翼が金で作られ、木は着色した葉を持ち、ブド
ウの実や果実の実は地上のルビーやエメラルドよりも輝いています。かれら
は美しい丘や谷のあいだを一緒にさまよっています。

# 2 『鳥たちの宴』

　むかし、ハトの夫婦が宴を開催することに決めました。かれらはタカ、コウノトリ、ワシ、野生のガチョウ、ハクチョウばかりでなく、多くの鳥を招待しました。ハトの夫人は種、野菜、魚の小片、そして鳥たちが好きなおいしい食事を準備しました。

　ところが、カラスは招待されませんでした。これに対して、怒ったカラスは、宴が最高潮になって、鳥たちが楽しんでいるのを見ると、嘴《くちばし》で大きな石をくわえて、空高く飛び、宴会のまん中に落としました。ああ、なんということだ！　なんと大変な騒ぎになったのでしょう。宴会の皿が割れ、食べ物が散らかりました。お客はみな怒って、家に飛び帰り、二度とハトの家に行かないといいました。そこでの出来事はひどかったのです。宴会に参加した鳥たちの頭がへし折られる危険があり、食事などもできませんでした。

　つぎの日、カシドリとキツツキは、ハトとほかの鳥がふたたび友だちになるように、最善を尽くすことができれば、とてもうれしいといいました。しかし、鳥たちは宴に招待されただけであり、このようなことは、自分たちがやることではないといいました。

　この物語がいいたいことは、宴を開くときは、ともだちをみな招待するのがいいことを明らかにしています。もしも、あなたが友達の誰かを取り除いてしまうと、かれらはきっと傷つくとおもいます。

　この『鳥たちの宴』では、最近、有名な日本の作曲家によって、つくられた音曲を演奏しています。この絵は数人いる大名が、うっとりする前で、三味線音楽が奏でられている場面を表現しています。

# 3　『妻がいなくなった男』

　ひじょうに不思議なことがときどき起こります。これまでアイヌの土地で起こった、もっとも不思議なことで、妻がいなくなったペンリと呼ばれる男の冒険です。

　妻はある朝、山腹の薪を切るために出かけていました。一日が過ぎても翌日、さらに次の日も妻はいまだ家に帰ってきませんでした。それで、ペンリはとても不安になって探し始めました。山を越え、谷を渡り、森の中、そして海辺を探しまわり、ついに広い平原にでました。その真ん中に古い樫木があり、その木に登って、上から見ました。

　そこへ行くと、かれは木に大きな空洞があることをみつけました。そこには家があったのです。そのなかに長い白い髭と髪が肩に流れる、優しそうにみえる老人が座っていました。かれは羽をまとい、頭に葉の花輪をかぶっていました。ペンリはかれの前にいき、頭をさげました。

　「よく来たね。ペンリよ」とかれはいうと、

　「わしは樫木の守護神である。あなたが悲しんでいるのは、妻がいなくなったからだということを知っています。そして山を越え、谷を渡って、森や海辺をあなたが一生懸命に妻を探しているのを見ていましたよ。ここで少し休んで、このお椀で水を飲み、わしの煙管でたばこを一服しなさい。」

　そこで、ペンリは座って水を飲み、たばこを吸いました。

　樫木の神はふたたび語りました。

　「おまえが本当に妻を見つけたいのなら、わしの命令に従うといい。おまえはこの黄金のウマの背に乗って、天空にある都市に飛び、そこに着いたら、できる限り大声でうたいながら通りを走りなさい。おまえはわしがいったとおりにするだけでよい。そこで何が起こっているかを気にしないことがいい。」

　そこで、ペンリは黄金のウマを渡されました。鞍と手綱も金でした。かれはすぐにウマの背に乗ると、空へと飛びました。そうしたらすぐに、天界の

一番上にある青いところに達しました。そこはわたしたちの都市よりも美しく、すばらしい都市が建てられていました。しかし、そこには普通の人間ではなく、精霊が住んでいました。その街の通りを行ったり来たりして、毎日、ペンリは黄金のウマに乗って、ずっとうたっていました。精霊たちは、おかしな男がやってきたのを不思議におもって、見つめていました。ペンリがうたう歌はあまりにもひどいので、精霊たちは耐えることができませんでした。耳に手をあて精霊たちは逃げ出し、家や戸棚のなかに隠れ、恐ろしい音から逃げようとしました。

　ようやく精霊の王が出てきて、「その歌を止めて、この世界から去ってくれるなら、あなたの妻を見つけられるようにする」とペンリにいいました。もちろん、ペンリは逆らうことはできません。そこで、黄金のウマに乗って地上に戻ることにし、樫木の前に飛び降りました。頭に花輪をかぶった、白い鬚の老人に、「天空からもどりましたよ。あなたがわたしにいったようにしましたが、愛する妻は見つかりませんでした」といいました。

　「みつからないのではなく、これからみつかるだろう」と老人は答えました。

　「おまえが天空で起こした騒動が、どんなことかはわからないだろう。妻が姿を消したということも、まだ話していないな。わしがおまえに話そう。妻を盗んで、地下界の洞窟にある家に連れ去ったのは悪い鬼である。鬼は妻を丈夫な箱に入れている。空腹になれば、すぐに食べるつもりなのだ。ところで、この鬼は天空で起こっている、大きな音を聞いて、見上げていた。黄金のウマに乗った男が、通りを走りまわってうたい、精霊たちが逃げまどうという、奇妙な光景を見てひじょうに驚いていた。鬼は一瞬でも目を離すことができません。そこで、わしがおまえにどうしたらいいかを教えてあげよう。鬼の背後から静かにまわり、鬼が注意をしていないときに、箱から妻を救いなさい。」

　「ああ、ありがとうございます！」とペンリはいいました。

　そうして、老人は約束どおりにすると、すぐにペンリは妻と一緒に戻って

きました。

　「これからは、妻をちゃんと大切にしなさい。鬼は二度目の昼寝をしているので、目覚めることはないだろう。おまえは妻を一生懸命に探し求めた行為に対して、黄金のウマを飼うことができる。妻には銀の雌ウマを与えよう。」

　そのあと、ペンリは黄金のウマに乗り、妻は銀の雌ウマに乗って、山を越え、谷を越え、森を通り、海辺沿いを走り、かれらの家に着きました。それからも、かれらは幸せにすごしたということです。

# 解　説

宮尾　慈良

## テキストについて

　『アイヌ説話集』で使用した二冊のテキストについて記すことにしたい。一冊目のテキストは、バジル・ホール・チェンバレン Basil Hall Chamberlain（1850〜1935）が書いた「アイヌの民間説話 "Aino Folk-Lore"」で、これは 1888 年、イギリスの『民俗学雑誌』（The Folk-Lore Journal. XXI: Vol.VI, 1-51）に掲載された論文です（図 1）。この『民俗学雑誌』は、1878 年に創設された The Folklore Society の学術雑誌で、世界各地で民間の伝承文化を研究するイギリスの学者が、言語、音楽、歌、舞踊、演劇、物語、美術、工芸、慣習、信仰などについての論文を発表するために、オックスフォード大学が中心となって組織した学会の紀要です。

　この論文を審査した人は、人類学者のエドワード・B・タイラー Edward B. Tylor（1832〜1917）です。タイラーと聞いてわかる人は多くないと思いま

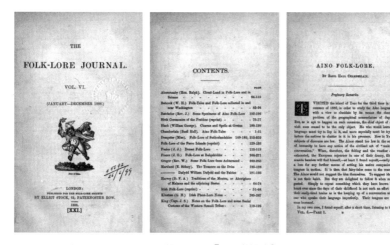

図 1　チェンバレンが提出した『民俗学雑誌』表紙・目次・論文

182

すが、じつは彼はイギリスを代表する人類学者であり、宗教の起源としてのアニミズムを提唱した学者であるといえば、知っている人もいるでしょう。自然世界に存在する動植物や無生物は、人間と同じように霊魂をもっていて、何らかの意味で生きていることをアニミズムといい、それは未開人の世界観や人生観の根底にあるということを『原始文化』（ケンブリッジ大学出版部、1871）で定義しました。タイラーはヨーロッパ諸国にほとんど知られていない、アイヌ民族に関心を持っていたかは明らかでありませんが、ヨーロッパでアイヌの説話をはじめて読んだ人類学者となります。このアイヌの説話を読んだ論評がチェンバレンの「アイヌの説話」の序文になっています。

　イギリスでは、チェンバレンという言語学者は、日本最古の歴史書である『古事記』を「The KO-JI-KI or "Records of Ancient Matters"」（『日本アジア協会紀要』第10巻、1882）と題して英訳したことで知られています。チェンバレンは、日本神話を伝える『古事記』は、日本の精神世界に多くの影響を与えていると考えていました。当時、日本政府に招聘された、いわゆる「御雇い外国人」のあいだでは知られていた著名な学者でした。

　さて、本論文の「アイヌの民間説話」を提出する1年前の1887年に、じつはアイヌ説話に関する英語論文「アイヌ研究の観点から見た日本の言語、神話、地名 "The Language, Mythology and Geographical Nomenclature of Japan Viewed in the Light of Aino Studies"」を帝国大学（後の東京大学）の紀要に発表し、ここでアイヌの説話を日本神話や江戸時代にみられた昔噺と比較しています。

　ところで、タイラーの序文は、じつは『民俗学雑誌』（図1）の目次を見てもわかるように掲載されていませんでした。これは『民俗学雑誌』の編集者が主幹編集長のタイラーに論評を依頼したとあります。当時、イギリスで著名な人類学者タイラーに論評を書いてもらったことに、非常に感動したチェンバレンは、東京にいる多くの学者にも読んでもらおうとして、個人的に日本で印刷をした論文の抜き刷りを作り、タイラーの論評を序文にしました。

　二冊目のテキストは、ジョン・バチェラー John Batchelor（1854〜1944）と

いう宣教師が、1888 年に「アイヌ民間伝承の標本 "Specimens of Ainu Folk-
lore"」という題名で、『日本アジア協会紀要』第 16 巻に提出した論文です。
バチェラーはアイヌ民族のあいだに伝承されてきた標本として説話をアイヌ
語で採録しました。日本アジア協会とは 1872（明治 5）年に設立された日本
で最も古い、国際的な日本とアジア研究の学術団体です。この論文はじつは
5 年にわたって掲載されています。まず 1888 年（vol. XVI, part 2, pp. 111-115）
に序文から VII まで、そして 2 年後の 1890 年（vol. XVIII, part 1, pp. 25-85）
に VIII と IX、さらに 3 年後の 1893 年（vol. XX, part 2, pp. 216-227）に X か
ら XII を掲載しています。数年にわたった掲載には、説話の英訳だけでなく、
詳細にわたるアイヌ語と文化についての注釈を多く書いているため、量的に
も長い論文になったからだと推測されます。この紀要の論文を審査したのは
チェンバレンでした。このことは 1888 年 3 月 14 日と 4 月 15 日に開かれた、
紀要の掲載におけるミーティング（編集会議）の議事録にも記されていて、
チェンバレンが論文の意義を編集者に説明しています。そのときの編集主幹
は高名な日本学者であるウィリアム・ジョージ・アストン William George
Aston（1841-1911）です。チェンバレンはみずから説話の意義を力説するば
かりでなく、翻訳を朗読したと書かれています。
　バチェラーは発表した論文より数年前から説話の採録をしていたようです。
それは英文で 1924 年に発表した『ウエペケレ、アイヌの炉辺物語』（教文館）
の「はしがき」に、「これらの物語は 40 年前に採録した五十話の説話である」
と書いていますので、すでに 1884 年頃に採録を始めていたことがわかりま
す。英文題名にあるウエペケレとは説話、民話、叙事詩などをいうアイヌ語
です。この書物には十二話の説話を載せています。
　ところで、チェンバレンの論文にはアイヌ語が記されていなく、英語の訳
文だけを載せています。一方のバチェラーの論文は図 2 にみるように、採録
した説話のアイヌ語を左、その英訳を右に載せて、言語を対照した翻訳となっ
ています。『アイヌ説話集』ではアイヌ語は省きましたが、説話はいくつも
の詩節からなっていて、それに対する注釈（原書注釈と記しました）には、ア

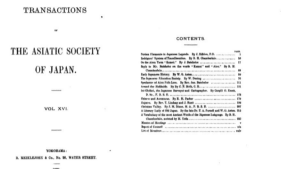

図2　バチェラーが『日本アジア協会紀要』に発表した表紙・目次・論文

イヌ語の意味や民族の風俗慣習について詳細に記しています。彼は説話の背景となる世界観や民族的な知識について丁寧に説明を加えていますので、のちにアイヌの説話を学ぶ人にとっては大いに参考になるようにしています。どのような注釈であるか次に例で示しておきます。

　　「この窓（プヤヮ）は、つねに小屋の東端にある。それは神聖な窓であり、その所有者から、大きな不満の罰を受けることなく、誰でも窓を見ることはできない。（中略）この窓の外には、イナオまたはヌサと呼ばれる削られた柳の棒からなる房がみられる。これらは礼拝者の敬虔さをしめすものとして神への供え物として置かれる。」　　　　　　（98頁）
　　「儀式に使う口髭上げ棒は特別につくられ、特別な宗教目的に使われている。それらはさまざまな形がある。クマやシカが彫られているものがある。しかし現在のものは、キケウシパスイという削り掛けつき捧酒箸と呼ばれ、それは口髭上げ棒の上に、削りくずが残っている。祈願がある特別の利益のためになされるときに礼拝がおこなわれる。それらに動物が刻まれているものはふつう神に感謝するときに使われ、それに対

して、一般的な口髭上げ棒には、特定の彫刻がなく、ふつうの行事に使
われる。たとえば何か知らせをするときや友人や親類が連絡するときで
ある。」　　　　　　　　　　　　　　　　　　　　　　　　　　　（99頁）

　このような注釈をよむと、アイヌ民族の文化をより深く理解することがで
きます。さらに、各頁には言葉の注（原書注と記しました）があります。たと
えば、**KOTAN UTUNNAI** をみてみますと、このようにあります。

1　サハリン島のどこか人里離れた場所にあるといわれている。
2　「姉」という語は、この人がわれわれの英雄とそのような関係にあっ
　　たと意味するとはかぎらない。実際に里親はまったく関係がなかった
　　とわかる。言葉はただ愛情を表わすのであり、いまでもアイヌの人が
　　ときどきそのように使っている。
3　ここで「とても多く」と訳されている言葉は、アイヌ語では「二、三」
　　のことである。これは、「強度」または「大きな数」を表す成句であ
　　る。したがって、アイヌの人が「かれは一、二度打たれた」というと
　　きは「かれはひどく叩かれた」という意味になる。また、戦いで「二、
　　三人」の男が殺されたというときは「多数」の人が殺されたことを意
　　味する。　　　　　　　　　　　　　　　　　　　　　　（158〜159頁）

　このような記述について、チェンバレンはどのように考えていたのかはわ
かりませんが、きわめて学術的な記述法であるとおもわれます。チェンバレ
ンの論文にはアイヌ語が記されていませんので、英語に対応するアイヌ語が
明らかでなく、さらに説話に対する注釈も書いていません。これは研究者の
言葉に対する考え方の違いによるものとおもいます。チェンバレンは言語学
者でありましたが、アイヌ語の英訳だけに終始しています。帝国大学に提出
した論文にも、アイヌ語に関する記述や考えはまったくみられませんが、説
話に関するモチーフを分類することや日本神話との比較研究を試みています。

186

つまり説話を深く読むという解釈はここではしていません。外国語を翻訳するときに、原語を記す翻訳者がいないことを考えると、たとえ原語を載せても、ほとんどの読者はその元になる言葉までを知りたいとはおもわないからでしょう。

　なお『アイヌ説話集』の付録には、チェンバレンが 1887 年に弘文社（平紙本で刊行。東京）から出した英語訳『アイヌ昔噺』の『不思議の国の狩人』、『鳥たちの宴』、『妻がいなくなった男』の三冊をのせました。この三冊の日本語訳は、日本ではじめてとなります。これらはもともとアメリカで児童書を出版するティクナー社（Ticknor & Co.）から刊行されたものといわれています。しかも、『アイヌ昔噺』の表紙には、ティクナー社の名前が入っていますので、弘文社とティクナー社の共同出版であったのかもしれません。『アイヌ昔噺』が数ページの小冊子で出されているのは、「子供のためにチェンバレンが英語で語った話」とあるように、聞く相手は子供であり、話すのは母親であったからとみられます。『アイヌ昔噺』に見られる説話はアイヌ語からの逐語訳ですので、古老が語ったときの感情や語感を聞いたチェンバレンが、文脈や背景を考えながら訳し、子供にもわかりやすく読めるように、子供のための言葉になっています。本書の『アイヌ説話集』にも見られる同話と比較するとおもしろいでしょう。

　チェンバレンが『日本昔噺集』（21 冊、縮緬本で刊行。弘文社、1885〜1922）を刊行したときと同様に、当時、著名な狩野派の日本画家である小林永濯が『妻がいなくなった男』の挿絵を描いています。他の二冊の絵師は誰であるか不明です。永濯は、1871（明治 4）年に「現如上人北海道巡錫絵図」（甘泉堂板）という錦絵を二代国輝、三代広重、二代国貞らとともに描いていますので、アイヌのことについては知っていたとおもわれますが、じっさいに北海道に行ったかどうかわかりません。チェンバレンが話した説話を聞いて、想像して挿絵を描いたかもしれません。しかし、外国の子供たちは、この挿絵をみることによって、極東の地であるアイヌの説話に魅了されたに違いないでしょう。これらは明治時代における昔噺の挿絵画として貴重な資料にな

ります。

## 採録の目的と説話の分類について

　チェンバレンがアイヌ語を研究しようとしたのは、比較言語学の観点から日本語の系統論を明らかにしたいという目論見からでした。それはすでに日本神話である『古事記』を英訳していたこともあって、その神話と体系的に類似する世界を探していました。彼は1886年の夏に三度目の現地調査をしたと書いていますので、それまでに二度訪れていたことになりますが、それがいつであるかは不明です。北海道に行くと、かならずバチェラーのところを訪れ、夏の3週間にわたりアイヌの説話に関する調査をしています。アイヌ語の文法やバチェラーが採集した説話や風俗慣習についての情報を交換したとおもわれます。おそらく、重複した説話は採録しないようにしていたはずですが、本論にはバチェラーから聞いた「怒ったカラス（26.）」と「パナンベとペナンベと松前の殿様（31.）」を載せています。チェンバレンは夏の6月と7月に五十四話のうち三十五話を採録し、東京に戻ってから、11月にふたたびアイヌの人々を東京に迎えて十九話を採録しています。

　チェンバレンに説話を語った語り部はすべて男性です。一般的にみると、欧米も日本も、説話の語り部というと、ほとんどが女性です。このことは子供を寝かせる前に説話を語ったのが母親であったからです。したがい男性の語り部の説話はきわめて少ない例となります。しかし、ヨーロッパではグリム兄弟のように、昔話の語り部が女性であると、女性は物語を創作することがおおく、昨日聞いた話が数日後に違う話になることがあり、女性はあらたに話を作る傾向があるといっています。そのためグリム兄弟は昔話を正しいドイツ語に書きあらため、昔話を再構成したとされています。グリム童話はグリム兄弟の創作だと主張する学者もいます。

　ところで、チェンバレンはどうして男性の語り部だけを選んだのかについて書いています。男性から採録するのは、わずかな謝礼と酒を提供するだけで語ってくれるからだというのが理由です。しかし、チェンバレンはアイヌ

語について十分な語学力を習得していなく、語り部の説話をうまく聞き取ることができなかったといいます。滞在中の採録にはバチェラーの手伝いが欠かせなかったようです。アイヌの人が話した説話の最後には、チェンバレンは語り部の名前と日付、この説話がアイヌ語からの直訳であるのか、または記憶にもとづいたものであるのかを記しています。これはこの英訳が主観的ではなく、客観的に行われたことを明示したかったからです。

　また、アイヌ語から翻訳するとき、彼は『古事記』の翻訳では書かれた文字をもとにしていましたので、口頭の伝承を採録するときは困ったのではないでしょうか。バチェラーと同様に、アイヌの語りをローマ字で書き、それを英語に直訳していったのですが、なかにははやく話されるために書き記すことが追いつかないものもあったようです。それらについてはのちに記憶から書き留めたといっています。本文にはそのことについて、「ここでの翻訳はもともと現地の情報提供者による口述からアイヌ語で書き留めたものであるので、これらすべての話についていえば完全に直訳です。しかし、時間が経つにつれて、ときどき話がよりはやく語られたため、英語だけで話を書き留めたままのものがありますが、それらは数時間以上過ぎて訳したものはありません。このような場合、すべての詳細な部分まで記憶しているのですが、その翻訳はいうまでもなく、実際には直訳とはとらえていません。このことは情報提供者が数人いたという事実によって、説話には形式の違いがあったと考えています。（中略）完全に正確である逐語訳をなしとげる場合、かならず必要であることは、世界には言い回しの常套句などがあり、すべて一時的に厳格で正確にすると調和を取ることができません。それというのは、たとえ厳格に正確にするというと、概してモチーフが台無しになる場合があります」と書いています。

　言語学者としては、原文の言語を忠実に翻訳することが基本です。それを英語に置き換えるときは国語力、ここでは語学力が重要であるとチェンバレンは考えています。かつて金田一京助と弟の荒木田家寿による『アイヌ童話集』（東都書房、1962）という本を読んだことがありました。これは金田一が

収録した昔話の原話から翻訳したものを荒木田が一般者向け、あるいは児童向けに書き改めたということで批判されました。それは学問的に価値がなく、創作した読み物になっているからだというのです。しかし、グリム兄弟でさえ、文法的に正しいドイツ語にして、物語の筋を論理的に書き直したものを改作ととらえないのと同じように、『アイヌ童話集』も同じことがいえるかもしれません。海外の文学でも日本語に訳した翻訳者は、みな言語の研究者ばかりではありません。英語、フランス語、ドイツ語などの小説を文章の達人である小説家が翻訳している場合があります。かつて日本の古典文学を現代作家が書き直したものが出版されたことがありました。古典文学は忠実に日本語に訳すべきだという人もいます。翻訳のあり方はいまも問われる課題で、言葉の隔たりはなくなりません。

　さて、1886年に調査した報告をまとめた論文が、1887年の「アイヌ研究の観点から見た日本の言語、神話、地名」です。これにはバチェラーが「アイヌ文法」について書いています。この論文ではチェンバレンは採録したアイヌ説話と『古事記』や日本昔噺を比較して考察しようとしています。はじめは『古事記』にみられる記述との世界観や物語の構造などを比較して明らかにしようとしたのですが、最終的にはほとんど新しい発見を見出すことができずに終わり、アイヌの説話は特異な口頭伝承であると結論づけています。チェンバレンは、この論文では左頁と右頁に古事記とアイヌの説話を並列にして掲載しています。さらに、彼は比較するモチーフ（主題）として、「天地創造、文明の起源、原住民、天界と地界、太陽と月、女の島、冥府への旅、邪悪な魔術師は罰せられる、リップ・ヴァン・ウィンクル」の項目をたてています。最後のリップ・ヴァン・ウィンクルは、ワシントン・アーヴィングの短編小説で、1889年に森鴎外が『新世界の浦島』と題して翻訳しています。西洋版の浦島太郎の話です。

　これらのモチーフは『アイヌ説話集』に見られる分類と違っています。ここでは便宜上、説話を整理するためにチェンバレンは分けたとしていますが、共通する話を見出すことがほとんどできていません。しかし、説話を読んだ

人なら、さまざまな動物がどのようにして生まれたかという誕生譚、動物が人間と話して行動する動物譚、世界の誕生を語った起源譚、神々の偉業を語る神話などと分類できるとおもわれますが、チェンバレンは説話を分類するには、いまだ神話、伝説、昔話などの民間説話がすべて収集されていないため、将来の研究であると考えていました。

　ところで、日本の神話学者である松村武雄が、昭和3（1928）年に『日本童話集』（世界童話大系刊行会、1928）という本を出しています。そのなかにアイヌの童話として五十三話も掲載しています。松村はチェンバレンとバチェラーが採録した説話も読んでいたようで、同じ説話とおもわれるものがあります。それらを少し列記してみましょう。なお番号は『日本童話集』にみられる通し番号です。また20〜24にみられる上の者とは上流に住むペナンベ、下の者とは下流に住むパナンベのことです。なお（　）内は『アイヌ説話集』での題名を記しました。

　　9 オキクルミの怒。12 幻の女（恋するオキクルミ）。13 不思議な老人（オキクルミが木の切り倒し方を教えた伝説）。20 上の者と下の者（善い人への贈り物と悪い人への贈り物）。21 上の者と下の者（パナンベとペナンベと泣きギツネ）。22 上の者と下の者（パナンベとペナンベと昆虫）。23 上の者と下の者（パナンベとペナンベとアシカ）。24 上の者と下の者（海水を飲み干す）。25 アイヌ浦島（魚の神のサケを礼拝する）。27 狐の神の手柄（日の出）。28 狐を馬鹿にした男。33 斧の祟（使えるものを捨てるな）。34 雲から堕ちた魔法使（意地悪な魔術使いは罰せられる）。35 蛇になった男。36 冥府に行った男（黄泉の国を訪ねた狩人）。38 夢の幸（夢を買う）。39 鳥糞物語（人を騙すのがうまい子）。54 蚤と虱（雷神の愛）。56 鶏が飛べぬわけ（なぜオンドリは飛ぶことができないのか）。57 雪の子兎（野ウサギの由来）。59 狐の仮病。73 烏の悪戯（怒ったカラス）。

　これ以外の出典は調べられませんでしたが、チェンバレンとバチェラーの

名前について触れていますので、両者の英語論文を読んで日本語に翻訳した
ものがあることがわかります。これらを読むと、英訳された説話とは内容が
少し違う描写もあります。ところで、松村はアイヌ説話について、次のよう
に書いています。

　「アイヌの童話は、未開民族の説話に共通なこれ等の特徴を盡く具備
　してゐる點に於て、日本本国及朝鮮の童話がもってゐない芬香と色味と
　を放射してゐることに留意してもらいたい。アイヌの童話はすべて簡素
　である。日本の『點稚彦物語』（原本ママ。點は「天」の誤植）や、朝鮮の
　『失策つづき』のやうな形式が長くて、内容が複雑なものは殆んど見出
　し難い。動物を主人公とする物語が大部分を占めてゐる。そしてそれ等
　の物語は、殆んどすべての神話學上のいはゆる Aetiological Myths 若く
　は童話學上のいはゆる Why-so-Tales である。何故に鶏は高く飛べない
　か。何故に梟の羽毛は眞黒であるか、何故に梟と鼠とは仲が悪いかとい
　ふ如きことを説明することを、主要な目的の一つとしてゐる。道徳的規
　準も概ね低くて、文化人の見地からすると、行為の價値に對する判断が
　錯倒してゐると思はれるものが多い。『杭の謎』『斧の祟』『雲から堕ち
　た魔法使』『財産爭ひ』等にあつては、行為の善悪に對する應報に於て、
　正當であるが、『狐の假病』『上の者と下の者』中にある物語等にあつて
　は、文化人の目から見て不道徳と思はれるものが勝を占めてゐる。これ
　は狡才を儔重した未開時代の反映で、文化民俗の童話にも屢々その痕を
　とどめてはゐるが、アイヌの童話に於ては殊にそれが目に立つのである。」

　松村がここでいう、神話として伝えられる Aethiological Myths とは、も
のごとの起源を語るもので、動植物にまつわる話はどれも Why-so-Tales「な
ぜなぜ話」とあります。また、善悪を諭す道徳観は不明確であるといってい
ます。しかしながら、『日本童話集』を読むと神話、動物話、道徳と大別で
きそうですが、分析するまではしていません。興味のある人はぜひ『日本童

話集』を読んでほしいです。

## 民間説話について

　チェンバレンはアイヌの説話を fairy tale と訳しています。この語は昔話、童話、妖精譚というより、いまいうメルヘンに近い意味で使っているようですが、明確な定義はしていません。『アイヌ説話集』はアイヌ民族のなかで伝承されている話ということから、アイヌの民間説話、あるいはアイヌ説話の訳語が相応しいかもしれません。

　ところで、日本で民間説話という語が広く普及したのは、おそらく関敬吾の『民話』（岩波新書、1955）やスティス・トンプソンの『民間説話　理論と展開』（荒木博之・石原綏代訳、社会思想社、1977）の書物が出版されたからだとおもわれます。両書をみると、fairy tale は民話、昔話、民間説話などの訳語として使っています。しかし、これらはヨーロッパ語の folktale, Märchen, Volksmarchen, conte populaire などの翻訳語であるといい、関敬吾は「これらの語の共通するところは、民衆の間に伝承された口承の物語」であるといっています。チェンバレンが使う fairy tale という語は、おそらく江戸時代から使われてきた昔噺の意味として考えていたようで、アイヌの昔噺の意となります。明治の初めは、こうした民間で語られる話は昔噺といっていましたが、しだいに昔話という言葉を使うようになりました。

　ところで、トンプソンの『民間説話』は、世界各地の民間で語られている説話を分類し、話のモチーフ・インデックスを作成した画期的な書物です。民間説話について、「いつ、いかなるところでも話を語る人がいるところには必ず熱心な聞き手がいる。その話が最近の出来事の単なる報告であれ、昔からの伝説であれ、あるいはうまく作られた作り話であれ、聞き手の男女はその言葉に耳を傾けながら、その好奇心を満たし、英雄的な行為に胸を躍らせ、宗教的な心の糧や、はては重苦しい単調な生活からの解放を求める心を満足させたりしたものである」と書いています。たしかに説話や昔話は、話し手と聞き手がお互いに交流するなかで生まれるものであり、アイヌのウエ

ペケレまたはユーカラはまさに民間説話であるでしょう。

　民間説話は地方伝説あるいは説明伝説が多いとトンプソンはいいます。それは起源説話、自然伝説、なぜなぜ話といわれ、自然界の丘とか崖とかの存在理由を説明し、あるいはなぜ川がそこを流れているかを説明し、動物、植物、星、人類とその慣習や起源や特徴を説明する話、人々の宗教的信仰や儀礼を語る神話、動物が人間と同じように行動し、思考することが多い動物の非神話物語などがあります。動物譚ではふつうは怜悧（れいり）な動物と愚かな動物が対比され、道徳的な目的をもって語られるのですが、アイヌの説話は松村武雄が指摘するように、道徳的な側面があまりみられません。

　ところで、民族学や人類学では、これまで民族文化としての文化史の考察をしています。日本では民族学の石田英一郎による『桃太郎の母　比較民族学的論集』（法政大学出版局、1956）は、インドから地中海にわたるユーラシア古代文明圏の母子神信仰に根差していることを指摘した画期的な宗教系統論を展開しました。石田はチェンバレンの論文に見られる「女の島」を読んで、膣内に歯がある女性について、『日本民俗学大系』（12巻、239〜252頁、平凡社、1959）で論じています。この説話については、阪口諒とエフゲーニー・ウジーニンによる「陰部に歯のある女性の伝承　サハリンの伝承を中心に」（『千葉大学ユーラシア言語文化論集』第20号、2018）という論文も書かれています。

　ヨーロッパではグリム童話の解釈学が進み、子供の心に与える影響から深層心理学からの研究がおこなわれ、ブルーノ・ベッテルハイムの『昔話の魔力』（波多野完治・乾侑美子訳、評論社、1978）は、よく知られているグリム童話が子供たちの成長に重要な役割を果たしているかを解明しています。一方、日本では社会学者の阿部謹也は『ハーメルンの笛吹き男　伝説とその世界』（平凡社、1974）で伝説の側面から考察し、鈴木晶は『グリム童話　メルヘンの深層』（講談社現代新書、1991）でグリム童話の精神史について書いています。さらに、かぐや姫の伝承を中国の民間伝承にみる竹取物語から文化伝承として探求し、説話世界を明らかにした伊藤清司の『かぐや姫の誕生　古代説話の起源』（講談社現代新書、1973）があります。また、国文学者の宮尾與男は

『明治期の彩色縮緬絵本　対訳　日本昔噺集』（全3巻、彩流社、2009）の解説で、伝承文学としての語りと説話の民俗から、昔噺をどのように読むかという視点で考究しています。

　このたび、『アイヌ昔噺』の翻訳をしたあと、チェンバレンが採録した『鳥たちの宴』（「怒ったカラス」）の最後に出てくる挿絵が、まったく話の内容と異なることが、これまで謎でしたが、宮尾與男は、この挿絵は江戸時代の上方戯絵師の耳鳥斎が描いた絵であることを発見し、またチェンバレンの旧蔵書のなかに戯画本があったことを「近世戯画とその周辺 13　耳鳥斎以後（その五）―『繪本古鳥圖賀比』とチェンバレンの『アイヌ昔噺』（一）」（『日本古書通信』1103 号、2021、6 月）で述べています。このようにさまざまな分野からの昔話や民間説話の研究がおこなわれていることが知られます。

　ところで、『日本民俗文化大系』（小学館、1984）に、「比較の視座」（7 巻）と「アジアの祭りと行事」（9 巻）の原稿を書くように、編者の比較神話学者である大林太良から依頼されたときの執筆者会議で、民俗学者である宮田登からのアジアでの調査方法の質問に答えたとき、大林太良から東南アジアには日本の昔話と類似する話があることを伺いました。日本神話の『因幡の白兎』や『桃太郎』、さらに羽衣伝説はタイでは『イナオ』と呼ばれるが、もともとはインドネシアから生まれた民話であるということを話されました。そののちインドネシアに行ったときに購入した、『桃太郎』のインドネシア語版の小冊子を大林先生に差し上げました。桃を切った刀がインドネシアの短刀（ピサウ）で描かれているのを見て、表現の相違に大笑いしたことがありましたが、この本の挿絵は日本文化の伝播として紹介しておこうという大林先生の一言から、『日本民俗文化大系』7 巻の 40 頁に掲載されました。比較神話学の立場から見れば、日本に伝承される神話や説話に類似する話は世界各地にもみられ、調査や収集がいまだなされないだけで、大林先生から「まずは日本国内だけでなく周縁世界である北のアイヌや南の沖縄などの説話と共通する話を発見することです」といわれたことも思い出します。たしかに文化間の伝播は少しずつ変容してきていることを考えると、明治末期に

採録されたアイヌ説話と現在に伝承される説話を比較する研究課題はいまも
残されているといえるでしょう。

　30年ほど前、マレーシアの影絵劇ワヤン・シャムを研究したアミン・スゥ
イニー教授とカリフォルニア大学のバークレー校の研究室で話すことがあり
ました。彼が『ラーマーヤナとマレーの影絵劇』（国立マレーシア大学出版部、
1972）で用いた研究方法論に関して伺ったところ、クランタン州の語り部
（ダラン）のアワン・ラーが語る同じ物語を場所と時間を変えて上演を採録し、
ダランの語りを文字化すると、語りとしての様式と劇的なものとしての様式
の二つに分けられることから、ダランは語りの伝達を変えていったことに気
づいたといわれました。そこには従来の形式を重んじる伝統的な伝承と形式
を逸脱した現代的な伝承があり、それを（一）口語体、非様式性、素人、（二）
文語体、様式性、元専門者、（三）口語体、様式性、専門者、という三つの
類型に分けて考えることができるともいわれました。これは口頭伝承の変容
が、宗教的な伝統儀式として語られる上演と娯楽として語られる上演の相違
であり、それらが上演される空間（場所）や聞き手の身分や階級などによっ
ても変えられているわけです。これと同じ方法論で、アミン・スゥイニーは、
マレーの語りについて「マレーの専業語り部」（『南アジア・東南アジアに関す
るミシガン大学論叢』1974）、また日本の落語家の語りについて「日本の落語家
の語り」（『アジア民俗研究』第38号、南山大学、1979）を書いて比較研究して
います。

　このことはアイヌにおける説話の研究にも重要なことを示唆しているとい
えるでしょう。口頭で語る伝承は、時代のなかで語り部によってつねに変容
してくるので、同じではないということになります。つまり語りを語る専業
の語り部が生まれると、本来の語り部はやがて姿を消していく可能性があり
ます。しかも語りが文字化されると説話の定型化がおきてきます。これは口
頭の伝承でなく、文字による伝承、すなわち書承ということになります。当
然ながら30年前あるいは50年前の口頭による語りは現在とは違い、同じ話
でも語り部によって言葉や描写のしかたが加えられる部分も出てくるはずで

196

す。したがい、ある説話はいつ、どこで、誰が語り、その語り部の年齢、性別などを明記するのが正しい伝承の記述といえます。そのことを考えると『アイヌ説話集』は、いまから100年以上前に採録された話であり、説話がどのように変容してきたかを時系列に比較することが可能となり、貴重な資料を提供していることになります。

　さらにアイヌの説話をもとに、今後は民俗学、国文学、神話学、人類学などの分野からの総合的な研究が求められてくるでしょう。神話学からの構造分析、民族学から類似する話の伝承を世界にある説話と比較、風俗慣習としての口髭上げの神酒の儀式、説話での男は冒険好きな狩猟民であり民族の英雄、女性の語り部は巫女かシャーマンの役割を果たしていることなどの研究もしなくてはなりません。このようなことを考えると、チェンバレンとバチェラーの採録説話を語らずして、これからの説話研究は成り立たないことになります。

　最後に、わたくしのアイヌの説話にたいする関心は、三冊の「アイヌ昔噺」から始まりましたが、二人が書いた論文を探していただいた、コロンビア大学の日本文学者のトーマス・ライマー教授、トロント大学の演劇学者のフランク・ホッフ教授、サンフランシスコのアジア美術館研究員の河津摂子女史、ハワイ神話を研究している森本瑛未と仁愛両女史、さらにハワイ大学院のアジア演劇学者のジェームズ・R・ブランドン教授、説話文学者のジェームズ・T・アラキ教授に対しても、ここに感謝を述べておきたいとおもいます。

宮尾　慈良（みやお　じりょう）

1948年東京生まれ。1976年早稲田大学大学院芸術学修士課程修了。77年台湾師範大学留学。81年ハワイ東西文化センター奨学金制度でハワイ大学大学院博士課程留学。ハワイ東西文化センター学習研究所研究員。東京外国語大学AA研共同研究員、慶応義塾大学東アジア研究所共同研究員、東京女子館大学助教授、アジア民族造形文化研究所教授を経る。1975年よりお茶の水女子大学教育学部、東京女子大学現代文化学部、早稲田大学文学部・スポーツ科学部、慶應義塾大学文学部などで教える。現在は日本大学大学院講師。文学修士（M.A.）。芸術学博士（Ph.D.）。専攻は人類学。比較演劇学。

【著書】『アジアの人形劇』三一書房1984。『アジア舞踊の人類学』PARCO出版局1987。『アジア人形博物館』大和書房1993。『宇宙を映す身体』新書館1994。『アジア演劇人類学の世界』三一書房1994。『世界の民族舞踊』新書館1998。『アジア演劇の原風景』三一書房1998。『東南アジア演劇史の研究』鼎書房2000。『舞踊の民族誌』彩流社2007。

【共著】『演者と観客』日本民俗文化大系、小学館1984。『暦と祭事』日本民俗文化大系、小学館1984。『身ぶりと音楽』民族音楽叢書、東京書籍1990。『アジア・太平洋の民俗舞踊1・2』ユネスコ・アジア文化センター1991・1993。『アジアの芸術論』勉誠社1998。『彩色中国看板図譜』国書刊行会2004。『近世戯画集「狂斎百圖」を読む』東京堂出版2016。他。

【翻訳】『舞踊』同朋舎1999。『対訳日本昔噺集』（全3巻）彩流社2009。

B・H・チェンバレン／J・バチェラー

アイヌ説話集
1888 年の “幻の説話”

2021 年 9 月 1 日　　初刷発行

編訳者　　宮尾慈良

発行者　　岡元学実

発行所　　株式会社　新典社

〒101−0051　東京都千代田区神田神保町1−44−11
営業部　03−3233−8051　編集部　03−3233−8052
ＦＡＸ　03−3233−8053　振　替　00170−0−26932
検印省略・不許複製
印刷所　惠友印刷㈱　製本所　牧製本印刷㈱

©Jiryo Miyao 2021
ISBN978-4-7879-5517-3 C1039
https://shintensha.co.jp/
E-Mail:info@shintensha.co.jp